房地产开发全过程管理及实务研究

袁志华　温桃　著

西安电子科技大学出版社

内 容 简 介

本书以房地产开发的概念，引出房地产开发全过程——可行性研究、规划设计、建设施工及后评价。书中重点研究规划设计及建设施工管理方法，并通过引进新的研究方法、思路来解决房地产开发过程中的重点难点问题。

本书可作为房地产开发与经营管理、工程管理、工程造价、土木工程等专业本科生、研究生的教学用书，也可作为相关学科科研人员的参考书。

图书在版编目(CIP)数据

房地产开发全过程管理及实务研究 / 袁志华，温桃著. —西安：西安电子科技大学出版社，2021.7
ISBN 978-7-5606-6053-0

Ⅰ. ①房… Ⅱ. ①袁… ②温… Ⅲ. ①房地产开发—高等学校—教材 ②房地产管理—高等学校—教材 Ⅳ. ①F293.3

中国版本图书馆 CIP 数据核字(2021)第 068772 号

策划编辑 李鹏飞
责任编辑 翟月华 李鹏飞
出版发行 西安电子科技大学出版社(西安市太白南路 2 号)
电 话 (029)88201467 邮 编 710071
网 址 www.xduph.com 电子邮箱 xdupfxb001@163.com
经 销 新华书店
印刷单位 陕西天意印务有限责任公司
版 次 2021 年 7 月第 1 版 2021 年 7 月第 1 次印刷
开 本 787 毫米×1092 毫米 1/16 印 张 7.75
字 数 176 千字
印 数 1～1000 册
定 价 29.00 元
ISBN 978-7-5606-6053-0 / F

XDUP 6355001-1

如有印装问题可调换

前　言

全书共分为 5 章。第 1 章主要界定了房地产开发与经营各自的含义，对房地产开发的全过程(即可行性研究、规划设计、建设施工及后评估等)进行了介绍。第 2 章主要介绍了房地产开发项目财务评价、环境影响评价的基本方法和内容，重点阐述了房地产开发项目财务评价指标体系与指标计算方法。第 3 章首先介绍了价值工程的原理，分析了全生命周期成本的组成和全生命周期成本的计算方法；然后介绍了系统化功能分析技术，进而将价值工程方法运用于工程实例之中，通过介绍价值工程在房地产开发设计阶段的实际应用，从实践角度阐明了在房地产开发设计阶段推广应用价值工程的巨大经济效益和社会效益。第 4 章主要包括建设工程项目的范围管理、进度管理、成本管理、质量控制，以及 BIM 技术在房地产开发项目中的应用情况，最后将建设项目的范围管理、进度管理、成本管理及质量控制应用到一个真实房地产开发项目案例中。第 5 章主要对房地产开发项目后评价的相关概念、特点、作用、方法以及评价指标的设置原则进行了介绍，列举了经济效益评价、社会效益评价、环境影响评价的各项指标，并对综合效益评价方法进行了讲述。

当前图书市场上关于房地产开发管理的论著不少，但是论及房地产开发全过程管理的不多，讨论房地产开发全过程管理理论与实践相结合的论著就更少了。基于这一现状，作者结合实际中的应用需求，编写了本书。

本书得到了江西省双一流地质资源与地质工程优势学科、江西省教育厅科技计划项目、东华理工大学土木工程双一流学科及东华理工大学长江学院专业转型试点专项的经费资助。本书作者曾经在我国大型房地产上市公司工作多年，经历了从项目拿地到科研、项目定位、规划设计、招标、工程建设、交房及后期维修整改等全过程，又在高校从事房地产开发与经营教学、科研工作多年，具有丰富的理论和实践经验。本书作者分工如下：东华理工大学袁志华负责编写第 1 章，第 3 章 3.1～3.3 节，第 4 章 4.5～4.6 节，第 5 章；东华理工大学长江学院温桃负责编写第 2 章，第 3 章 3.4～3.6 节，第 4 章 4.1～4.4 节。

由于作者水平有限，书中难免有欠妥之处，恳请专家和广大读者不吝指正。

作　者

2021 年 2 月

目　　录

第1章　绪　　论

本章主要厘清房地产开发与经营的概念，得出房地产开发全过程的流程，并就房地产开发与经营的特征进行介绍，对房地产开发与经营的程序和内容进行分析。读者在学习过程中，应重点掌握房地产开发与经营的一般流程，了解房地产开发学科的形成、发展和研究方法。

1.1　房地产开发与经营的概念及特征

1.1.1　房地产开发与经营的概念

1. 房地产开发

关于房地产开发的含义，国内外有多种表述。

美国的迈克·E.米勒斯在《房地产开发的原理与程序》一书中提出，房地产开发是不断更新居住环境以满足社会需要的一种活动。

国内有人认为，房地产开发是为了满足人们的需要，组织资金、土地、人力、技术、管理等资源，提供一段时间内可供使用的建筑空间及相关服务，并改变人类生存的物质环境的一种活动。也有人认为，房地产开发是遵循土地利用计划和城市规划的要求，对某一区域的房地产进行统一规划、设计、建设、验收及交付使用，以取得最佳的效益。还有人认为，房地产开发是由特定的经济实体，对房地产项目进行投资建设和管理，使之改变用途或使用性质，从而获得经济利益的过程。

2007年修订的《中华人民共和国城市房地产管理法》(以下简称《城市房地产管理法》)第二条指出，本法所称房地产开发，是指在依据本法取得国有土地使用权的土地上进行基础设施、房屋建设的行为。

综上所述，我们可以得出如下结论：

第一，房地产开发是以基础设施建设为主的土地开发和以民用住宅、商业用房、工业通用厂房为主的规划设计、建设施工等开发活动。

第二，房地产开发的目的是要实现一定的效益，包括开发主体的经济效益、因满足社会需要而产生的社会效益、因改变环境而带来的环境效益等。因此，一般情况下房地产开发需做可行性研究和项目后评价工作。

第三，房地产开发的前提是取得国有土地使用权。

综上所述，房地产开发的全过程主要由可行性研究、规划设计、建设施工及后评价等工作过程构成。

2. 房地产经营

伴随商品经济的产生和发展，企业经营范畴的内涵和外延不断加深、加大，涉及生产、技术、组织、销售、财务以及物资供应等领域，成为指导企业以最少投入获得最大产出的一种谋划、决策和组织实施行为。企业根据社会需要及市场需求，不断调整产品结构，生产适销对路的产品；企业通过对高新技术和设备的研究，增强竞争能力，提高经济效益；企业通过对协作关系、协作组织和协作方式的研究，提高应变能力；企业通过研究销售市场，改进财务管理以及开发人才智力等开拓市场，提高经营效益，使自身在市场竞争中立于不败之地。

广义的房地产经营是指一切有意识、有计划地从事房地产领域的经济活动而获得经济效益的行为，不仅包括房地产开发、交易及流通环节的营销活动和中介服务活动等，还包括消费环节的物业管理服务活动。狭义的房地产经营活动仅指房地产交易环节的营销活动和中介服务活动。

房地产经营活动是以房地产市场为背景进行的。随着我国房地产市场的规范化和不断完善，房地产经营将会在房地产市场中起到越来越重要的作用。在激烈的市场竞争中谁能运筹帷幄，掌握市场的脉搏，制订出科学的战略和策略，并能切实加以实施，谁就能实现既定的目标，从而取得成功。

3. 房地产开发和经营的区别

对于房地产开发与经营的区别，在实际中有多种不同解释，这些解释或是将开发与经营视为一体，或是讨论开发与经营的相互包含关系，又或是与其他概念(如管理概念)相混淆等。

房地产开发与经营是房地产经济活动中两个相对独立又相互关联的过程。在某些情况下，如讨论房地产开发、经营与国民经济的关系或在全面分析和策划房地产活动时，可以将其视为一个整体来研究，但是在更多其他情况下是将房地产开发与经营这二者分开来讨论的，特别是在具体实施过程中，由于各自内涵的特殊性，分别研究可能更具有实际意义，如房地产开发实施有特定的理论和方法，房地产经营也有固有的理念和技巧。

关于对经营和管理的解释，尚没有统一的认识。例如，管理学科或管理科学把经营作为管理学的一个部分来讨论；而经营管理学派的奠基人法约尔把工业企业从事的活动划分为技术、商业、财务、安全、会计、管理六项活动，并将其总称为“经营”，管理活动只是经营活动的一部分。由此可见，虽然各个学科对这两个概念的解释不一致，但其共同点在于无论是经营还是管理都是企业为达到一定目的，有组织、有计划地进行的经济活动，不同认识的差别只在于对概念内涵和外延的界定上。

有学者认为经营活动与企业“决策方针、确定目标”的机能相联系，而管理则与“执行和实现目标”的机能相联系。因此，企业经营实际是确定企业的经营方针，制订经营目标，进而通过企业管理经济活动执行既定方针，并实现既定目标。当然，从实际运作来看，管理和经营在企业经济活动中是难以严格区分开来的，往往相互交织，在企业全部经济活动中发挥着重要的作用。

1.1.2 房地产开发与经营的特征

房地产开发与经营和其他产品的开发与经营相比，具有涉及范围广、经手环节多、形式多等特点，因而在开发与经营过程中会表现出难度大、风险大，以及受政策或其他因素影响大等特点。认识和研究这些特点，对于取得良好的房地产开发与经营效果具有重要意义。

1. 全面系统性

房地产开发与经营包括的相关环节多，涉及的部门多，受到的制约条件多，影响的社会因素多，同时还与社会经济、城市建设、生态环境等有着息息相关的联系。因此房地产开发与经营是一项复杂的系统工程。在这项复杂的系统工程中，土地开发与建筑物生产是其根本内容，并且土地开发和经营最终要统一到房屋的建设与经营上来。正是因为土地与房地产的直接统一性，房地产开发与经营表现出明显的全面系统性特点。房地产开发包括立项、规划、设计、征地、拆迁、施工建设、材料供应等流程。每个流程都是密切联系、相辅相成的，任何一个环节的滞后都将影响到房地产开发的顺利推进。整个工作的完整性决定了房地产开发行为最终的成败。

国民经济飞速发展使得城市建设与发展加快，同时也不可避免地出现了诸如工业发展速度过快、能源紧缺、城市人口激增等现象，从而导致住宅紧缺，交通堵塞，建筑秩序混乱，生活环境恶化等情况。在这样的条件下，综合考虑房地产开发与经营的系统性，将房地产开发与经营的全过程放在整个城市建设与发展这一大系统中，统一规划，统一设计，统一建设，根据城市建设的性质，借助有机分散的手段，严格按照城市规划进行开发建设，实行房地产综合开发，才能保证房地产业沿着健康的轨道发展。

2. 广泛联系性

房地产开发与经营是一种具有广泛社会联系性的经济行为。首先，房地产开发在一开始就需要考虑很多社会因素，包括国家法律法规、地方相关政策、城市规划要求等，只有确认开发行为在这些规定的范围之内，才能继续下一步的工作，否则将寸步难行。其次，房地产开发包括的相关环节很多，从立项、获取土地、规划、设计、施工建设到经营管理等各个环节的工作都需要与社会中的各个部门和单位(包括国土资源管理部门、设计单位、拆迁公司、城市建设管理部门、消防部门、环境保护部门、银行、文教部门、交通部门、物资供应部门等十几个部门，近百个协作单位)相互协作。如果在某一个环节之中与某一个相关单位的协作出现问题，都将影响到后续的所有开发行为。再次，房地产开发与经营和城市居民的生活是分不开的，房地产开发行为最终形成的建筑产品，既提供了入住的空间，为人们解决了“住”的需求，同时也改变了生存的居住环境。在大规模的旧城改造中，征地、拆迁、安置的每一个过程都需要广大居民的密切配合，开发经济适用房、建设廉租房从某种程度上也帮助政府解决了中低收入居民的居住问题。因此房地产开发必须考虑诸多社会因素，必须得到社会的广泛支持，必须与各行各业及千家万户保持良好的公共关系，才能保证开发行为取得预期目的。

3. 风险及难度较大

房地产开发与经营的风险及难度较大是由房地产商品的特殊性所决定的。房地产开发与经营活动的运行周期长，少则两三年，多则四五年。较长的运行周期使房地产的资金垫付时间长，与生产周期短的行业相比，房地产开发与经营无疑要承担更大的时间价值风险。房地产开发与经营的资金投放量亦大，一个开发项目，动辄要几百万元，甚至上千万元、上亿元，因此要承担的风险也大。同时房地产开发与经营的经济运行和资金流程环节较多，每一个环节都影响着整个开发与经营的正常运转，这也增加了房地产经营的风险。除此之外，房地产开发与经营还受到社会政治、经济、消费心理、市政建设等各种外在因素的影响，因此比一般商品经营具有更大的风险。

房地产商品不同于一般商品，其价值量巨大，形成周期长，需要通过多次投入才能完成，且具有延续性和增值性。由于房地产价值量大，不可能一次性实现全部价值，因此有必要采取预售、出租或抵押信托等形式分期实现其价值。房地产价值的巨大性、延续性和增值性以及价值实现的先期性、多样性和逐步性大大增加了房地产开发与经营的复杂性和难度。

同时，由于房地产商品本身的空间不可移动，加之影响房地产价格的因素复杂多样，因此同类商品的可比较性差，个案性强，这无疑也增加了房地产开发与经营的复杂性和难度。

4. 政策性强

房地产业的特点、地位和作用决定了房地产开发与经营的政策性强，或者说受政策的影响比较大。房地产业对国民经济具有很大的影响，房地产资源的分配使用与房地产商品的生产、流通和分配直接关系到国计民生。为了使房地产业纳入社会主义市场经济轨道，除了强调运用市场机制指导房地产运作以外，更要强调政府宏观调控作用，并通过立法、制定政策等措施，使房地产业坚持正确的经营方向，力求在经营活动的各个环节、各个方面都自觉遵守国家现有的政策法令、规章制度。

此外，房地产开发与经营要求的专业性也很强，只有培养大量高素质的专门人才，塑造一流的开发与经营企业，才能适应房地产市场的需求，实现房地产经济的良性运行。

1.2 房地产开发与经营的流程和内容

房地产开发与经营的流程错综复杂，而且不同的项目类型，其流程可能不同。图 1-1 给出了房地产项目开发与经营的一般流程图。

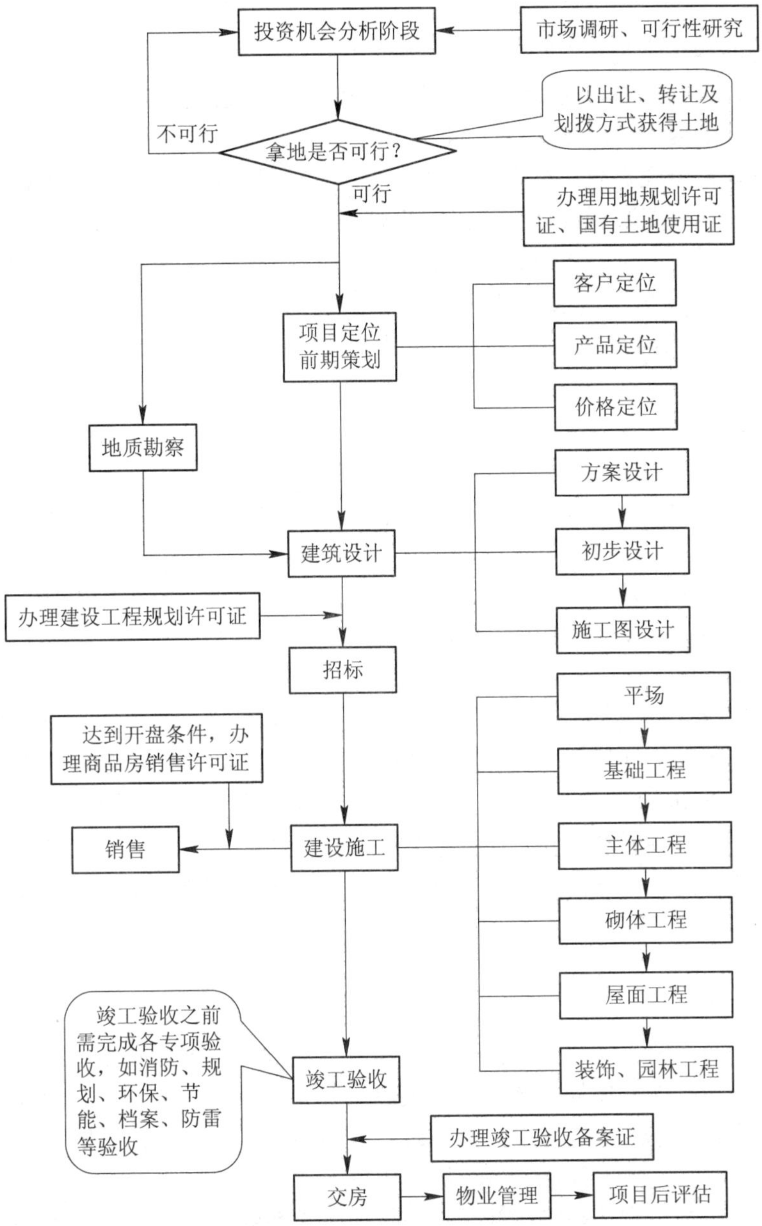

图 1-1　房地产项目开发和经营的一般流程图

1.2.1　投资机会分析阶段

投资机会分析阶段是房地产开发公司经过一系列市场调查分析和可行性研究后确定一个最佳投资方案的过程。这个阶段是整个开发过程中最为关键的一个阶段，它包括三个方面的工作，即开发项目的初步设想、项目设想的具体化、项目的可行性研究。

开发项目的初步设想是指开发商依据获取的信息，形成开发项目的初步设想，包括对开发项目地点、开发规模、投资额、资金筹措、配套建设、未来客户情况、资金回收等内容的设想。

项目设想的具体化是指设想的项目如果可行，就需要与城市规划部门、土地管理部门和其他相关部门进行沟通，明确开发项目地点是否符合城市总体规划，建设用地是否取得土地管理部门的批准(即能否初步落实建设用地)，所选开发地址的自然条件是否适合开发。

项目的可行性研究是指在投资决策前，对建设项目进行全面的技术经济分析和科学论证，使决策失误尽可能减少，增加开发项目带来的社会效益、经济效益和环境效益。项目的可行性研究对于项目投资决策具有重要意义，是项目投资决策的依据。通过可行性研究，可分析市场的供求状况、需求前景，明确项目的开发规模、开发内容、建设过程、技术经济可行性、未来产品销售情况，比较项目的经营收入与费用等，从而决定是否进行投资开发。

1.2.2 项目定位

房地产项目定位是指寻找房地产项目的核心控制力和稳定利润点，使项目具有独特的市场定位。

房地产项目定位涉及层面多，从宏观和微观的市场调研，到消费者分析、商圈(商业地产)分析、竞争对手分析，再到产品分析，无论哪一个步骤出现偏差，都可能导致产品定位不准或者完全错误。

项目定位包括客户定位、产品定位及价格定位。客户定位是指通过市场分析，结合本地块的情况，找到客户群体，形成客户定位报告。产品定位是指分析客户群体的特征(如消费特征)，对客户群进行调研，形成产品定位报告，为后面的建筑设计提供依据。价格定位也是项目定位中的一项重要工作，是指确定产品应该以什么样的价格卖给客户。客户定位和产品定位关系到房地产产品是否被市场需要；价格定位则直接关系到房地产项目是否有经济效益。

1.2.3 前期工作

房地产项目的前期工作主要是指在投资项目确定以后和项目开始施工之前要进行和开展的工作，主要涉及项目规划设计、招标及各种合同、条件的谈判与签约等。其主要内容有：进行建筑设计(方案设计、初步设计及施工图设计)，完成各种报批手续，获取建设工程规划许可证，以及完成工程项目的招标等。

房地产项目的规划设计是指以社会效益、经济效益和环境效益为目的，以符合城市规划总体为要求，结合适合开发地块的具体情况并与开发设想相一致的原则进行设计，根据政策法规，选出最佳设计方案。这项工作是一个复杂的系统工程，围绕“一书两证”开展工作。也就是说，作为开发公司，这个时期的工作主要是为获取选址意见书、建设用地规划许可证、建设工程规划许可证展开工作，使开发项目获得有关主管部门的批准。

在 DBB(设计—招标—施工)项目管理模式下，施工图完成后并且取得了建设工程规划许可证即可对符合招标条件的工程进行招标工作。建设工程招标是建设单位(开发商)择优选择施工单位的一种方式，投标是施工单位争取获得工程项目施工任务的一种方式。开发商对拟建的工程项目完成设计工作，估算出工程投资额，然后吸引若干家符合投标资格的建筑安装企业(承包单位)来投标。参加投标的建筑安装企业对工程进行标价计算，提出报价、工期及保证质量措施，由开发商从中择优选取。由于招标单位可以从众多投标者中选优，因此投标者之间展开竞争，这对其改善经营管理、提高劳动生产率和推动技术进步有积极作用。招标、投标的基本原则是坚持自愿、公平、等价、有偿和守信，讲求职业道德。招标、投标作为一种制度，受法律的约束和保护。

前期工作中最为复杂和多变的是各种手续的报批以及许可证的获取，这是由前期工作环节多，涉及的政府部门多，国家的政策变化多，政府部门的一些相关政策可能存在不协调等因素引起的。

1.2.4 建设阶段

建设阶段是指将房地产开发过程中涉及的所有原材料聚集在一个空间和时间内，进行建设施工的过程。在建设阶段，第一步是做土石方平场，在施工前需协调办理好临时施工道路路口以及土石方施工许可证；第二步是基础开挖，在施工前需办理好安检手续，取得建筑工程施工许可证；第三步是混凝土主体工程，达到预售条件，直到封顶；第四步是砌体工程，这一步也可根据施工需要安排在混凝土主体工程封顶之前；第五步是内、外墙抹灰，门窗工程，水、电、气安装工程，装饰装修；第六步是园林工程。

1.2.5 租售阶段

《城市房地产管理法》规定：根据出让合同约定，对土地进行了投资开发，属于房屋建筑工程的，完成开发投资总额的25%以上并且办理了商品房销售许可证，即可对房屋进行预售。在租售阶段，第一步需制订房地产企业销售计划，包括销售目标、销售策略及销售行动方案；第二步是组建房地产企业销售团队，确定销售团队的目的和战略、规模和结构，并确定适当的决策和报酬制度等；第三步是指挥和协调房地产企业销售活动，确保销售计划能顺利实施；第四步是评价和改进房地产企业销售活动，制订各种适宜的考核标准，建立评估与考核体系，适时对销售人员及其业务进行评估和考核，并根据实际情况对销售计划与目标、销售策略作必要的调整和修改。

1.2.6 交房

交房是指依据商品房买卖合同的约定，房地产开发企业在合同约定的交房期限内将符合约定交付条件的产品交付买受人的行为。通常交付的预售住宅商品房应当符合下列条件：

(1) 法定条件：商品房经验收合格并向购房人提供住宅质量保证书和住宅使用说明书。

(2) 约定条件：达到预售合同约定的交付条件及其他相关条件。

1.2.7 物业管理

物业管理是开发商或业主通过选聘物业管理企业，由业主和物业管理企业按照物业服务合同的约定，对房屋及配套的设施、设备和相关场地进行维修、养护、管理，维护相关区域内的环境卫生和秩序的一系列活动。物业管理是集经营、管理、服务于一体的第三产业。

1.2.8 项目后评价

房地产开发与经营项目后评价是指以房地产开发与经营项目为对象，对其经济效益、社会效益、环境效益以及顾客满意度进行的全面考核。房地产开发与经营项目一般经历三个阶段：产品形成阶段、产品流通阶段、产品使用阶段，这一连续的过程实际上是一个不断投入与产出的过程。在房地产开发与经营项目历经形成、流通、使用三个阶段之后，站在不同的角度，对房地产开发与经营项目的目的、决策、实施过程、效益、作用与影响等全过程进行系统、客观、全面的分析和总结，就是房地产开发与经营项目后评价。

1.3 房地产开发学科的建设

1.3.1 房地产开发学科的形成和发展

房地产开发学科是运用现代经营管理原理讨论房地产业运动规律，并探讨如何以较小代价取得较好效果的一门应用学科，是经营管理学科的一个分支。

经营管理成为一门现代科学是 20 世纪从美国开始的。19 世纪以前，企业是凭经验和直觉进行管理的，企业主的着眼点大部分是通过节约人工和成本获取利润，缺乏雇主与工人都能接受的管理思想。随着科学技术的发展以及企业生产的社会化、现代化，原始经验与直觉不断得到升华、提炼及发展，逐渐形成了一套科学经营管理思想，即经营管理学。

经营管理学科是一门综合学科或边缘学科，它涉及社会学、心理学、经济学、政治和法律等社会科学，也涉及工程、技术、数学、计算机等自然科学，是以信息形式表现其原则、原理、策略、计划、方案、程序等研究成果的软科学。科学的经营管理也离不开管理艺术，在一定程度上要靠经营人员的直觉判断、素质、技巧、魄力等因素，要靠经营人员自己反复实践和摸索，而不能单靠别人的传授经验，也不能单靠一些原则、原理、模型和程序来进行经营和管理。

房地产开发学科的兴起，使房地产业从传统的劳动密集型行业转变为智力密集型行业。现代化的经营意识、新型的管理思想是房地产开发与经营企业确定正确的战略和策略，进行高效优质房地产开发、经营销售及物业管理等经营管理活动的重要保证。现代化的经营理论经过长时期的发展，已成为一个非常有价值的理论宝库。

为了适应社会经济不断发展的要求，21 世纪的房地产开发学科不仅要继续完善房地产开发与经营管理的理论与方法，也要注重整体学科的发展观，不断更新观念，不断进行补充、完善和发展。可持续发展观念的提出对传统意义上的房地产也提出了新的挑战，即要求房地产的开发与建设不仅要能够最大限度地满足当代的需求，也要充分考虑满足未来不断增长的需求。“绿色房地产业”正是适应这种要求提出的新观念。对于这一新观念，虽然目前还没有准确的概念来界定，但是它强调在房地产的开发与经营过程中从设计、建材、公共设施和居室配置到社区管理等各个环节中要增加科技含量，遵循节约资源和能源的原则，降低环境的负荷，要有利于促进房地产业以及社会经济的可持续发展，这是现代房地产业发展所强调的基本观念。

中国加入世界贸易组织，不仅有利于扩大对外出口和进一步吸引外商直接投资，也直接对我国主要城市特别是上海、广州等沿海中心城市的房地产业及房地产市场产生了深刻影响。这种影响除了表现在房地产的市场需求以及价格变化上之外，也表现在房地产开发与经营观念上。“全球化房地产”就是对这种变化的一个高度概括，即在逐渐与国际接轨的过程中，在房地产开发、建设、营销以及物业管理等全程服务过程中，不断吸收和引进国外的成功运作机制，实现房地产开发与经营跨区域化或国际化。这种转化不仅便于与外资机构抗衡，利于进行公平的市场竞争，也利于更新理念，提升开发经营水平。

1.3.2 房地产开发学科的研究方法

要研究房地产开发与经营这门综合性应用学科，首先应注重以经济学理论和现代经营管理理论为基础和指导思想，在充分理解这些理论的基础上，吸取其他学科精华，并将其灵活应用于房地产开发与经营活动中。例如，效果成本是经济学强调的基本原理，也是贯穿房地产开发与经营活动的重要原则，要特别强调的是，在房地产开发与经营活动中，既要考虑可以货币化和量化的成本和效益，也要考虑难以货币化和量化的成本和效益。现代经营管理的社会系统学派强调：在企业经营管理中不仅要注重研究人与社会系统，也要研究技术系统，以保证两方面的协调，使经营决策更具整体性和社会性。这一思想使传统的经营管理思想更为完善。同样，经营决策理论对决策过程的分析，对决策过程中个人心理、集体心理与社会反应的研究，以及对决策所需信息的开发及其价值、决策目标价值的分析研究，使得经营决策的科学性不断增强。经营权变理论强调在政治、经济、法律、技术环境变化多端的情况下，企业只有根据所处内部条件和外部环境随机应变或权宜应变才能成功，不能一成不变地依靠某种普遍适用的管理理论和方法，这也为经营管理开辟了新的研究途径。

其次，应注重将理论应用于房地产实务中，分析研究房地产开发与经营过程的特点和运动规律，逐步建立一套完整的房地产开发与经营理论和方法的体系。例如，可行性分析是为工程建设项目前期进行项目决策时提供决策依据的重要方法。房地产开发项目的可行性分析不仅要利用可行性分析一般的原理和方法，也要考虑房地产项目的特点，在指标的选择上、参数的确定上要体现房地产项目的特殊要求，这样才能进行正确的分析，为决策提供准确的依据。房地产广告也不完全与一般商品的广告相同，在媒体的选择、广告诉求等方面都要结合房地产的特点进行策划和运作，这样才能起到事半功倍的作用。

最后，在对房地产开发与经营进行定性研究的同时，还要注重定量分析。正如现代经营管理数量学派强调的“管理科学”的出发点是：可以用数学模型和程序来表示与解决经营管理中的计划、组织、决策、控制等问题，并以经济效果最优为目的，求得数学解答。随着科学技术和管理水平的不断提高，谋求定量分析结论，无疑可使经营管理的技术成分相对提高，这是一个十分吸引人的发展方向，而计算机软硬件、5G 技术等的发展、应用及推广也为房地产经营活动的定量分析研究提供了很大的发展空间。

第 2 章　房地产开发项目可行性研究

本章主要介绍房地产开发项目财务评价、环境影响评价的基本方法及内容，重点阐述房地产开发项目财务评价指标体系、指标计算方法以及房地产开发项目成本费用构成。

2.1　房地产开发项目财务评价

房地产开发项目财务评价是可行性研究中的重要内容，它是在国家现行会计制度、税收法规和市场价格体系下，鉴定和分析工程项目的投资、成本、收入、税金和利润等，从项目角度考察项目建成投产后的盈利能力、清偿能力和财务生存能力，据此评价和判断项目财务可行性的一种经济评价方法。项目财务评价在明确房地产项目对财务主体的价值以及对投资者的贡献后，也能为投资决策、融资决策，以及银行审贷提供依据。

2.1.1　财务评价的指标体系

在评价工程项目方案经济效果的好坏时，一方面取决于基础数据的完整性和可靠性，另一方面则取决于所选评价指标体系的合理性，只有选取正确的评价指标体系，使经济评价的结果能与客观实际情况相吻合，该工程项目方案经济效果的评价才具有实际意义。

评价投资项目的指标是多种多样的，它们从不同角度反映项目的经济性，这些指标一般可以分成三大类：第一类是反映资金利用效率的效率型指标，如投资收益率、净现值指数、内部收益率等；第二类是以货币单位计量的价值型指标，如净现值、费用年值等；第三类是以时间单位计量的时间型指标，如投资回收期。这三类指标从不同角度考察项目的经济性，在进行投资项目经济评价时，应根据评价深度要求、获得资料的情况以及评价方案本身的条件，选用多个不同的指标，从不同侧面反映评价方案的经济效果。

从不同的角度，按照不同的划分方法可以形成形式不同的指标体系。

1. 按是否考虑时间价值划分的指标体系

在工程项目评价中，按计算评价指标时是否考虑资金的时间价值，将评价指标分为静态评价指标和动态评价指标，如图 2-1 所示。

静态评价指标是指在不考虑时间因素对货币价值影响的情况下直接通过现金流量计算出来的经济评价指标。静态评价指标的最大特点是计算简便，适于评价短期投资项目和逐年收益大致相等的项目，对方案进行概略评价时也常采用静态评价指标。

动态评价指标是指在分析项目或方案的经济效益时，要对发生在不同时间的效益、费用计算资金的时间价值，将现金流量进行等值化处理后再计算评价指标。动态评价指标能较全面地反映投资方案整个计算期的经济效果，适用于对项目整体效益评价的融资前分析，或对长期投资项目以及处在终评阶段的技术方案进行评价。

- 项目经济评价指标
  - 静态评价指标
    - 投资利税率
    - 资本金利润率
    - 总投资收益率
    - 项目资本金净利润率
    - 静态投资回收期
    - 偿债能力
      - 资产负债率
      - 利息备付率
      - 偿债备付率
      - 借款偿还期
  - 动态评价指标
    - 内部收益率
    - 净现值
    - 净现值率
    - 净年值
    - 动态投资回收期

图 2-1　按是否考虑时间价值划分的指标体系

2. 按指标性质划分的指标体系

按指标性质划分的指标体系详见图 2-2。

- 项目经济评价指标
  - 比率型指标
    - 投资利润率
    - 投资利税率
    - 资本金利润率
    - 总投资收益率
    - 项目资本金净利润率
    - 内部收益率
    - 净现值率
    - 利息备付率
    - 偿债备付率
    - 资产负债率
  - 价值型指标
    - 净现值
    - 净年值
    - 外汇净现值
  - 时间型指标
    - 静态投资回收期
    - 动态投资回收期
    - 借款偿还期

图 2-2　按指标性质划分的指标体系

3. 按照财务评价的目标划分的指标体系

按照财务评价的目标划分的指标体系如图 2-3。

- 项目经济评价指标
  - 盈利能力分析指标
    - 投资回收期
    - 投资利润率
    - 投资利税率
    - 资本金利润率
    - 总投资收益率
    - 项目资本金净利润率
    - 净现值
    - 内部收益率
    - 净现值率
    - 净年值
  - 清偿能力分析指标
    - 利息备付率
    - 偿债备付率
    - 资产负债率
    - 借款偿还期
  - 财务生存能力分析指标
    - 净现金流量
    - 累计盈余资金

图 2-3　按财务评价的目标划分的指标体系

2.1.2　财务评价的指标计算

1. 项目的静态评价

项目的静态评价是指不考虑资金时间价值的工程经济评价。静态评价具有简单明了、易于计算的特点，适用于对技术方案或投资方案的初步分析和粗略评价。但由于静态评价忽略了资金的时间价值，因此评价结果不准确，仅由静态评价结论为依据所进行的投资决策容易导致投资失误。静态评价方法很多，这里主要介绍投资收益率法(Investment Rate of Return)、静态投资回收期法。

1) 投资收益率法

投资收益率法是指项目在正常年份的净收益与初期的投资总额的比值。其表达式为

$$R=\frac{\mathrm{NB}}{K}$$

式中：K——投资总额，$K=\sum_{t=0}^{n}K_t$，其中 K_t 为第 t 年的投资额。n 为完成投资额的年份。

NB——正常年份的净收益，根据不同的分析目的，NB 可以是税前利润、税后利润，也可以是年净现金流量等。

R——投资收益率。

根据 K 和 NB 的具体含义，R 可以表现为各种不同的具体形式。投资收益率常见的具体形式有总投资收益率、项目资本金净利润率、投资利税率、投资利润率等。

当用投资收益率判断某方案的优劣时，需要用该方案的投资收益率与国家或行业确定的基准投资收益率相比较。而基准投资收益率是国家或行业根据历史数据确定的。设基准投资收益率为 R_b，判断准则如下：

当 $R \geqslant R_b$ 时，项目可行，可以考虑接受。

当 $R < R_b$ 时，项目不可行，应予以拒绝。

对多个方案进行比较，在各个方案均满足 $R \geqslant R_b$ 时，投资收益率越大的方案越好。

2) 静态投资回收期法

投资回收期又称为返本期，是反映投资方案盈利能力的指标。

静态投资回收期是指在不考虑资金时间价值的条件下，以方案的净收益回收其总投资(包括固定资产投资和流动资金)所需要的时间，一般以年为单位。项目投资回收期宜从项目建设开始年算起，若从项目投产开始年算起，应予以特别注明。

静态投资回收期的表达式为

$$\sum_{t=0}^{P_t}(\mathrm{CI}-\mathrm{CO})_t = 0$$

式中：P_t——静态投资回收期。

$(\mathrm{CI}-\mathrm{CO})_t$——第 t 年净现金流量。

静态投资回收期可借助项目投资现金流量表，根据净现金流量来计算，其具体计算分为以下两种情况。

(1) 当项目建成投产后各年的净收益均相同时，可简单视为

$$P_t = \frac{\mathrm{TI}}{\mathrm{EBIT}}$$

式中：TI——项目总投资。

EBIT——年平均息税前利润。

显然，此时静态投资回收期就是总投资收益率的倒数。

(2) 当项目建成投产后各年的净现金流量不相同(甚至变化极大)时，静态投资回收期可根据累计净现金流量求得，累计净现金流量值的变化过程体现了投资回收的过程。如图 2-4 所示，静态投资回收期也就是在现金流量表中累计净现金流量由负值转化为零的时点，其公式为

$$P_t = T - 1 + \frac{\text{第 }T-1\text{ 年的累计净现金流量的绝对值}}{\text{第 }T\text{ 年的净现金流量}}$$

式中：T——项目各年累计净现金流量首次为正值或零的年份数。

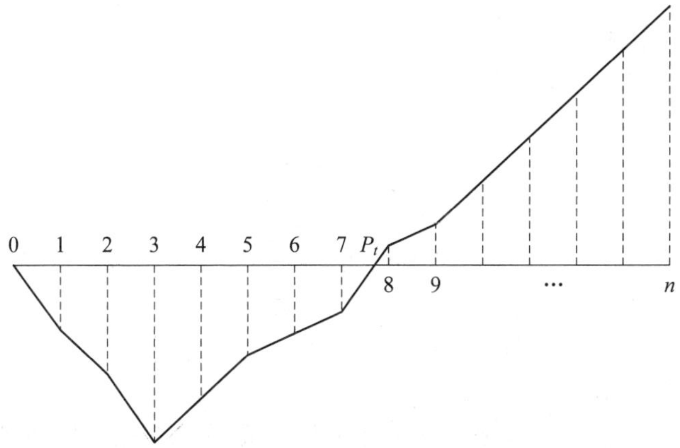

图 2-4　投资回收期示意图

使用净现金流量回收全部投资的思路是：当年经营性支出在当年销售收入中已经得到了回收，这样各期净利润与所提取的折旧和摊销便可作为净现金流量以收回全部投资。

用静态投资回收期评价投资项目时，需要与同类项目的历史数据和投资者意愿确定的基准投资回收期 P_c 相比较：

若 $P_t \leq P_c$，则对该项目考虑接受。

若 $P_t > P_c$，则对该项目予以拒绝。

由于静态投资回收期越长，项目的盈利能力越弱，而且项目面临的风险越大，因此，投资者必然希望投资回收期越短越好。

静态投资回收期法的优点是既可判定单个方案的可行性(与 P_c 比较)，又可用于方案间的比较(判定优劣)。

静态投资回收期法的缺点主要有：

(1) 没有反映资金的时间价值。

(2) 没有用到方案在回收期以后的现金流量数据。

(3) 没有考虑到项目的期末残值。

(4) 在方案的投资额相差悬殊时，方案比较的结论可信度降低。

因此，虽然静态投资回收期法能在一定程度上反映方案的经济性和风险性，在建设项目评价中具有独特的地位和作用，但以上缺陷使它仅能作辅助性方法使用。

2. 项目的动态评价

项目的动态评价是指考虑了资金的时间价值并且以项目在整个寿命期内的全部现金流量数据为基础所进行的工程经济评价。虽然动态评价计算相对复杂，但它克服了静态评价的缺点，因此在对投资项目进行经济评价时，应以动态分析为主，必要时可增加某些静态评价指标进行辅助分析。下面介绍几种常用的动态评价方法：净现值法、内部收益率法、动态投资回收期法。

1) 净现值法

(1) 净现值的含义。

净现值(Net Present Value，NPV)是指将项目在整个计算期内各年的净现金流量，按某个给定的折现率(如基准收益率 i_c)折算到经济活动起始点(建设期初)时的现值之和。

(2) 净现值的计算表达式。

净现值的表达式为

$$\mathrm{NPV} = \sum_{t=0}^{n} (\mathrm{CI} - \mathrm{CO})_t (1 + i_c)^{-t}$$

式中：NPV——净现值。

$(\mathrm{CI}-\mathrm{CO})_t$——第 t 年的净现金流量(应注意正负号)。

n——项目(或方案)的计算期。

i_c——设定的折现率(或基准收益率)。

净现值根据具体评价体系和侧重点的不同可形成不同的表现方式(种类)，不论哪种净现值，其计算方式都可选择人工计算或计算机程序求解。这里只讲人工计算法。人工计算法是指将各年的净现金流量通过查表或公式计算进行折现再求和。

(3) 净现值法的评价标准。

若 NPV=0，说明该方案基本能满足行业或部门的基准收益率要求的盈利水平，方案勉强可行或有待改进；若 NPV>0，表明该方案除了达到基准收益率要求的盈利水平外，还有超额收益，方案可行。因此，当 NPV≥0 时，项目(方案)在财务上考虑接受，反之，则认为方案不可行。

在使用 NPV 对多个方案进行评价时，NPV 值大的方案为优选方案。

(4) 净现值法的特点。

① 净现值法的优点：

一是考虑了资金的时间价值，使项目投资盈利能力的计算更加精确，可以为制订投资决策提供科学依据。

二是直接以货币额表示项目的附加收益额，经济意义明确、直观。

三是既可用于单方案评价，也可用于多个互斥方案的评价与选优。

② 净现值法的缺点：

一是基准折现率这一外生变量对 NPV 和项目决策结论的影响很大。若折现率定得太高，则可行项目可能被否定；反之，折现率定得过低，则不可行的项目可能被选中。净现值法依赖于客观、合理的基准折现率。

二是当各方案的投资额差别很大时，用 NPV 进行比选可能存在偏差。例如一个勉强合格的大型项目的净现值一般要比一个具有较强经济强度的小型项目的净现值大得多，此时使用净现值法对两个方案进行选优时，结论一般是选择大型项目，而实际上小型项目的投资收益率要高。

2) 内部收益率法

(1) 内部收益率的含义。

内部收益率又称内部报酬率(IRR)，是项目净现值为零时的折现率。内部收益率容易被误解为是项目初期投资的收益率。事实上，内部收益率的经济含义是指投资方案占用的尚未回收资金的获利能力，是项目正好能够回收投资的年收益率，它能反映项目自身的盈利能力，其值越高，方案的经济性越好。由于这一指标仅由项目固有的现金流量系统决定，项目外生变量没有涉及其中，因此内部收益率有固有内部收益率之称。

在项目的整个寿命期内，如果按 IRR 折算各期净现金流量，则在寿命期末到来之前始终存在着未能回收的投资，只能等到寿命期末时投资才恰被全部收回，此时的净现金流量刚好等于零。而净现值和净年值以及费用年值等指标都需要事先设定一个基准折现率才能进行计算和比较，因此，内部收益率的科学性较其他几个指标强。

(2) 内部收益率的表达式。

内部收益率的表达式为

$$\mathrm{NPV}(\mathrm{IRR})=\sum_{t=0}^{n}(\mathrm{CI}-\mathrm{CO})_t(1+\mathrm{IRR})^{-t}=0$$

式中：IRR——内部收益率，其值域是(−1，∞)。

对于多数方案来说，IRR 应属于值域(0，∞)。

由以上公式可知，当各年的净现金流量不等且计算期较长时，要求得内部收益率，则需求解以折现率为未知数的多项高次方方程，求解过程比较烦琐。一般来说，求解 IRR 可采用人工试算法与 Excel 程序两种方法。这里我们只介绍人工试算法。

对于计算期不太长、生产期年净效益变化不大的方案，当计算不十分困难时，可采用人工试算法。人工试算法分为线性插值法和图解法两种。人们习惯使用线性插值法来近似求解内部收益率，其求解步骤如下：

第一步，计算方案各年的净现金流量。

第二步，在满足下列两个条件的基础上预估两个适当的折现率：$i_1 < i_2$，且 $i_2 - i_1 \leqslant 5\%$，一般在 2%为宜(实际工作中 i_1 往往根据给出的基准收益率 i_c 确定，作为第一步试算依据)；$NPV(i_1) > 0$，$NPV(i_2) < 0$。

第三步，用线性插值法计算 IRR 的近似值，其公式为

$$IRR = i_1 + \frac{NPV_1}{NPV_1 + |NPV_2|} \times (i_2 - i_1)$$

用公式计算的近似解 IRR 会略大于精准解 IRR。

线性插值法原理如图 2-5 所示。因为具有非常规现金流量的方案其存在可能不是唯一的，所以线性插值法计算对其不适用，线性插值法只适用于具有常规现金流量的投资方案。

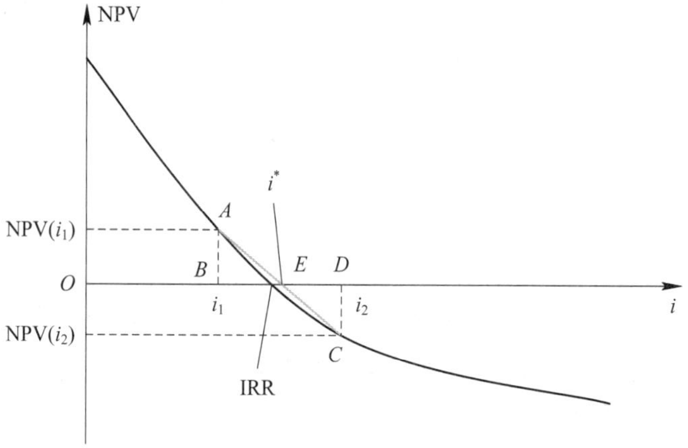

图 2-5　线性插值法原理图

(3) 内部收益率法的评价标准。

IRR 指标用于单方案经济评价时，如果 IRR$\geqslant i_c$，则认为该方案是可以考虑接受的，如果 IRR$< i_c$，则对该方案应予以拒绝。如果折现率(或贷款利率)取其内部收益率，则该方案在计算期内的投资恰好得到回收，净现值等于零。内部收益率越高，该方案的效益越好。但内部收益率法不能直接用于多方案的比选。

(4) 内部收益率法的使用范围。

以上讨论的 IRR 用于常规方案(投资项目)的经济评价。这类方案的净现值函数曲线如图 2-5 所示，即方案的净现金流量从投资开始这一时刻起至少有一项或几项是负值，接下去一系列正值，此时计算期内净现金流量的符号变化只有一次，即所有负现金流量都出现在正现金流量之前，此时方案有唯一的 IRR。

IRR 对于非常规投资项目不适用。非常规投资项目指项目计算期内，带负号的净现金流量不仅发生在建设期(或生产期)，而且分散在带正号的净现金流量之中，即在计算期内净现金流量多次变更正负号。

(5) 内部收益率法的特点。

内部收益率法的优点：

一是能直观反映方案投资的最大可能盈利能力或最大利息偿还能力(或项目对贷款利率的最大承担能力)。

二是考虑了资金的时间价值以及项目在整个计算期内的经济状况。

三是内部收益率取决于项目的净现金流量情况，这种项目的内部决定性使它在应用中具有一个显著的优点，即避免了净现值指标须事先确定基准收益率这个难题，而只需要知道基准收益率的大致范围即可。

内部收益率法的不足：

一是由于 IRR 指标是根据方案本身数据计算得出而不是专门给定的，所以 IRR 不能直接反映资金价值的绝对大小。

二是用 IRR 这个效率指标进行方案的比选时，不能保证与 NPV 得出的结论总是一致。换句话说，效率最高的方案，不一定是净收益最大的方案。鉴于 NPV 最大准则的正确性(因为净现值所依据的基准收益率能反映行业或投资主体的期望，符合收益最大化的决策准则)，IRR 作为反映项目内部的特性指标，不应直接用于项目或方案的比选。

三是计算比较麻烦，对于非常规现金流量的项目来讲，内部收益率可能不存在。

3) 动态投资回收期法

静态投资回收期存在没有考虑资金时间价值的缺陷，可改用动态投资回收期进行方案的经济评价。

(1) 动态投资回收期的含义。

动态投资回收期是指在考虑资金时间价值前提下，以项目净收益抵偿项目全部投资所需的时间，用符号 P_d 表示。

(2) 动态投资回收期的计算公式。

P_d 满足使方案净现金流量的现值累计正好为 0，即满足：

$$\sum_{t=0}^{P_\mathrm{d}}(\mathrm{CI}-\mathrm{CO})_t(1+i_\mathrm{c})^{-t}=0$$

式中：P_d——动态投资回收期；

i_c——基准收益率。

在实际计算中，可采用的计算式如下：

$$P_\mathrm{d}=(T-1)+\frac{\text{第}(T-1)\text{年的累计净现金流量现值的绝对值}}{\text{第}T\text{年的净现金流量现值}}$$

式中：T——项目累计净现金流量现值首次出现正值或零的年份。

(3) 动态投资回收期法的评价准则。

采用动态回收期法计算的投资回收期仍需要和基准投资回收期进行比较。设 P_c 为基准投资回收期，当 $P_d \leq P_c$ 时，则项目或方案可以被接受，否则应予以拒绝。

动态投资回收期指标的优点是考虑了资金的时间价值，使投资回收时间的计算更加精确，为制定科学的投资决策提供了依据。

2.1.3 建设投资预测与分析

房地产开发项目的预测主要包括对项目的销售预测和开发建设投资数据的预测。预测方法根据预测的性质划分为定性预测和定量预测两种。定性预测是指根据人的主观判断作出的预测。定量预测是根据历史数据，通过建立数学模型建立变量之间的数学关系，进而对变量未来的趋势进行预测的方法。房地产成本预测是对房地产开发过程中的成本费用进行预测，为项目财务的评价、资金筹集方案的选择和未来成本费用支出的控制提供依据。

2.1.4 成本费用构成

开发建设投资是指在开发期内完成房地产产品开发建设所需投入的各项费用，主要包括土地费、前期工程费、基础设施建设费、房屋开发费、公共配套设施建设费、开发间接费、管理费、销售费、财务费、税金及政府收费以及其他费用和不可预见的费用等。

1. 土地费

房地产项目土地费是指为取得房地产项目用地而产生的费用。房地产项目取得土地的方式有多种，产生的费用也各不相同，主要有下列几种：划拨或征收土地的土地征收拆迁费、出让土地的土地出让地价款、转让土地的土地转让费、租用土地的土地租用费、股东投资入股土地的投资折价和取得土地支付的税费。

1) 土地征收拆迁费

土地征收拆迁费分为农村土地征收拆迁费和城镇土地拆迁费。

(1) 农村土地征收拆迁费主要包括：土地补偿费、青苗补偿费、地上附着物补偿费、安置补助费、新菜地开发建设基金、征地管理费、耕地占用税、拆迁费、其他费用等。

(2) 城镇土地拆迁费主要包括：地上建筑物、构筑物、附着物补偿费，搬家费，临时搬迁安置费，周转房摊销以及对于原用地单位停产、停业补偿费，拆迁管理费和拆迁服务费等。

2) 土地出让地价款

土地出让地价款是指国家以土地所有者的身份将土地使用权在一定年限内让与土地使用者，并由土地使用者向国家支付土地使用权出让地价款，主要包括向政府缴付的土地使用权出让金和根据土地原有状况需要支付的拆迁补偿费、安置费、城市基础设施建设费或征地费等。例如，以出让方式取得城市熟地土地使用权时，土地出让款由土地出让金、拆迁补偿费和城市基础设施建设费构成。

土地出让地价款的数额由土地所在城市、地区、地段、土地的用途以及使用条件、合同条件等许多方面的因素决定。许多城市对土地制定了基准出让地价，具体土地的出让地价款要在基准地价的基础上加以适当调整确定。

3) 土地转让费

土地转让费是指土地受让方向土地转让方支付的土地使用权的转让费。依法通过土地出让或转让方式取得的土地使用权可以转让给其他合法使用者。土地使用权转让时，地上建筑物及其他附着物的所有权随之转让。

4) 土地租用费

土地租用费是指土地租用方向土地出租方支付的费用。以租用方式取得土地使用权可以减少项目开发的初期投资，但在房地产项目开发中较为少见。

5) 土地投资折价

房地产项目土地使用权可以来自房地产项目的一个或多个投资者的直接投资。在这种情况下，不需要筹集现金用于支付土地使用权的获取费用，但一般要对土地评估作价。

6) 取得土地支付的税费。

取得土地支付的税费主要是指契税。

2. 前期工程费

房地产项目前期工程费主要包括项目前期规划、设计、可行性研究，水文、地质勘测以及“三通一平”等阶段的费用支出。

项目的规划、设计、可行性研究所需的费用支出一般按项目总投资的一个百分比估算，一般情况下，规划设计费额度为建安工程费的 3%左右，可行性研究费占项目总投资的 1%～3%。水文、地质勘探所需的费用可根据所需工作量结合有关收费标准估算，一般为设计概算的 0.5%左右。

“三通一平”等土地开发费用，主要包括地上原有建筑物、构筑物拆除费用、场地平整费用和通水、电、路的费用。这些费用的估算可根据实际工作量参照有关计费标准估算。

3. 基础设施建设费

基础设施建设费是指建筑物两米以外和项目用地规划红线以内的各种管线和道路工程，其费用包括供水、供电、供气、排污、绿化、道路、路灯、环卫设施等，还包括各项设施与市政设施干线、干管、干道的接口费用。基础设施建设费一般按实际工程量估算。

4. 房屋开发费

房屋开发费包括建安工程费、附属工程费和室外工程费。

建安工程费是指直接用于工程建设的总成本费用，主要包括建筑工程费(结构、建设、特殊装修工程费)、设备及安装工程费(给排水、电气照明及设备安装、空调通风、弱电设备及安装、电梯及其安装、其他设备安装等)和室内装饰家具费等。

附属工程费包括锅炉房、热力站、变电室、煤气调压站、自行车棚、报信箱等的建设费用。室外工程费包括自来水、雨水、污水、煤气、热力、供电、电信、道路、绿化、环卫、室外照明等的建设费用。

在可行性研究阶段，房屋开发费尤其是建筑安装工程费的估算，可以采用单元估算法、单元指标估算法、工程量近似匡算法、概算指标法等，也可根据类似工程经验估算。

1) 单元估算法

单元估算法是指用基本建设单元的综合投资乘以单元数得到项目或单项工程总投资的估算方法。如以每间客房的综合投资乘以客房数估算一座酒店的总投资，以每张病床的综合投资乘以病床数估算一座医院的总投资等。

2) 单位指标估算法

单位指标估算法是指用单位工程量投资乘以工程量得到该单项工程投资的估算方法。一般来说，土建工程、给排水工程、照明工程可按建筑平方米造价计算，采暖工程按耗热量(千卡/小时)指标计算，变配电安装按设备容量(千伏安)指标计算，集中空调安装按冷负荷量(千卡/小时)指标计算，供热锅炉安装按每小时产生蒸汽量(立方米/小时)指标计算，各类围墙、室外管线工程按长度(米)指标计算，室外道路按道路面积(平方米)指标计算。

3) 工程量近似匡算法

工程量近似匡算法是指采用与工程概预算类似的方法，先近似匡算工程量，再配上相应的概预算定额单价和取费，近似计算项目投资。

4) 概算指标法

概算指标法采用综合的单位建筑面积和建筑体积等建筑工程概算指标计算整个工程费用。常使用的估算公式是：

$$直接费用 = 每平方米造价指标 \times 建筑面积$$

$$主要材料消耗量 = 每平方米材料消耗量指标 \times 建筑面积$$

5. 公共配套设备建设费

公共配套设备建设费是指在居住小区内为居民服务配套建设的各种非营利性公共配套设施(又称公建设施)的建设费用，主要包括居委会、派出所、托儿所、幼儿园、公共厕所、停车场等。一般按规划指标和实际工程量估算。

6. 开发间接费

开发间接费是指房地产开发企业所属独立核算单位在开发现场组织管理所发生的各项费用，主要包括工资、福利费、折旧费、修理费、办公费、水电费、劳动保护费、周转房摊销和其他费用等。

当开发企业不设立现场机构，由开发企业定期或者不定期派人到开发现场组织开发建设活动时，发生的费用可直接计入开发企业的管理费用。

7. 管理费

管理费是指房地产开发企业的管理部门为组织和管理房地产项目的开发经营活动而发生的各项费用，主要包括管理人员工资、职工福利费、办公费、差旅费、折旧费、修理费、工会经费、职工教育经费、劳动保险费、待业保险费、董事会费、咨询费、审计费、诉讼费、排污费、绿化费、房地产税、车船使用税、土地使用税、技术转让费、技术开发费、无形资产摊销、开办费摊销、业务招待费、坏账损失、存货盘亏、损坏和报废损失以及其他管理费用。管理费可按项目投资或前述四项直接费用的一个百分比计算，一般为3%左右。

8. 销售费

销售费是指房地产开发企业在销售房地产产品过程中发生的各项费用，以及专设销售机构的各项费用，主要包括销售人员工资、奖金、福利费、差旅费、销售机构的折旧费、修理费、物料消耗、广告费、宣传费、代销手续费、销售服务费以及预售许可证申领费等。

销售费占销售收入的比重一般在 10%～15%之间。

9. 财务费

财务费是指企业为筹集资金而发生的各项费用，主要包括借款和债券的利息、金融机构手续费、代理费、外汇汇兑净损失以及其他财务费用。利息以外的其他融资费用一般占利息的 10%左右。

10. 税金及政府收费

税金及政府收费是指在房地产项目投资估算中应考虑项目所担负的与房地产投资有关的各种税金和地方政府或有关部门征收的费用，主要包括固定资产投资方向调节税、土地使用税、市政管线分摊费、供电贴费、用电权费、绿化建设费、电话初装费、分散建设市政公用设施建设费等。在一些大中型城市，这部分税费已经成为房地产项目投资费用中占较大比重的费用。各项税费应根据当地有关法规标准估算。如市政管线分摊费、供电站费、用电权费、绿化建设费列入基础设施费，销售税金及附加列入销售费用。

11. 其他费用

其他费用主要包括临时用地费、临时建设费、工程造价咨询费、总承包管理费、合同公证费、施工执照费、工程质量监督费、工程监理费、竣工图编制费、工程保险费等。这些费用一般按当地有关部门规定的费率估算。

12. 不可预见费

不可预见费根据项目的复杂程度和对前述各项费用估算的准确程度，按以上述各项费用的 3%～7%估算。

2.2　房地产开发项目环境影响评价

2.2.1　环境影响评价概述

房地产项目在施工阶段将会产生大量的废水、废气和噪音等污染，对项目的周边环境产生不良影响，特别是在建设项目的营运期间，污染项目将会直接降低周边居民的体验和幸福感，降低房地产开发建设项目的总体效益水平。因此房地产建设项目的实施需要重视对环境的影响，重视项目与外部环境之间的关系，要在最大程度上减少负面的外部性影响。这就要求我们对房地产环境影响进行评价研究，保证建设项目选址的合理性，避免房地产项目出现布局不合理，严重污染环境，破坏生态平衡等影响项目长远发展的问题。

1. 环境影响评价的概念

环境影响评价是指分析、预测和评估项目建成投产后可能对环境造成的影响，进而提出相应的预防或减轻有害环境影响的措施，并实施跟踪监测的方法和制度。环境影响评价是一个不断循环、补充的过程。对项目实施全面、客观的环境影响评价，有利于决策者根据评价结果进一步完善决策方案和建设活动。

2. 房地产项目环境影响评价的概念

房地产项目环境影响评价是指在房地产项目的规划阶段，对该项目在实施过程中(即规划选址、设计、施工及运营等阶段)及项目完工后，全面细致地调查、预测和评估拟建项目可能对项目所在地及周边区域造成的环境影响，以及周围环境可能对项目造成的影响，再针对不同的潜在环境问题提出相应合理的、切实可行的防治措施、对策与建议。

2.2.2 环境影响评价的内容

房地产项目环境影响评价的内容主要包括以下六方面：

1. 房地产项目的基本情况

建设项目的基本情况主要有项目性质、项目组成、主要经济技术指标等。项目性质主要包括新建项目、改扩建项目及用地性质改变的项目。项目组成一般分为主体工程与附属工程。主体工程一般包括住宅楼、大型商场及酒店等，附属工程包括游泳池、运动场、幼儿园、停车场及配电室等。经济技术指标一般指项目总用地面积、总建筑面积、绿地率、容积率等，住宅项目还包括套型总建筑面积、总户数、套内使用面积、停车位等指标。

2. 房地产项目周围地区的环境现状

房地产项目的选址非常重要，首先应遵循国家和项目所在地区的相关政策与规划，进而对项目周围地区的环境状况进行全面调查。调查包括项目所在地的地理位置、水文条件、气象情况、社会环境、环境背景质量、生态环境状况、主要污染源和影响生态环境的工程行为等。

3. 房地产项目对周围地区的环境影响的分析预测

分析建设项目对周围地区的地质、水文、气象等环境因素可能产生的影响。分析项目施工运营阶段的污染物的种类及排放量，预测噪声及其他污染物对周围居民生活、大气、水、土壤等各方面的影响范围和程度。

4. 环境保护措施及其经济、技术论证

项目开发各个阶段均应采取环保措施保护环境，比如施工阶段，房地产项目的施工组织应当在开工之前设计明确污染防治的措施及对策。

5. 环境影响经济损益分析

房地产项目的环境影响经济损益分析通常包括预估环境保护投资金额，以及可能由此得到的环境效益、社会效益等，比如对城市景观环境的影响分析、土地功能的变化分析、区域社会环境影响分析、区域消费水平的变化分析、区域产业结构的调整等。

6. 结论

结论包括下列问题：项目对环境质量的影响；项目选址、规划方案的合理性；污染防治方案的经济性及可行性；是否需要做某些专项评价等。

2.2.3 环境影响评价的作用

通过对房地产项目进行环境影响评价，可识别制约规划实施的环境因素和主要资源，为项目的规划决策提供了全面的环境与资源信息，明晰环境目标，构建环境影响评价指标体系，分析、预测拟建项目可能对周围生态环境产生的综合效应、对居民健康产生的长远影响，论证拟建项目的环境合理性及项目建成后环境目标的可达性。在此基础上，提出相应的优化调整方案与环保措施等，协调拟建项目经济效益、社会效益及环境效益间的统筹发展，实现当前利益和长远利益的双赢。

环境影响评价制度是保证我国稳步推进两型社会建设的制度。在该制度领域内，凡是影响环境的房地产项目都必须进行环境影响评价，建设开发者必须预先调查、分析、评价房地产项目对环境产生的影响，提交环境影响报告书，经主管部门审批通过后才能建设。环境影响评价制度详细规定了投资开发者的环境责任及应采取的措施，为房地产项目的环保工作提出科学的要求及建议，为房地产项目相关管理工作者该如何进行环境管理提供了可靠的参照。环境影响评价制度是决定房地产项目能否顺利进行的强制性法律依据，为环境保护提供了强有力的法律保障。

2.2.4　环境影响评价的原则和依据

1. 评价原则

1) 全程互动

房地产项目的环境影响评价工作应当在项目的规划阶段启动，且和规划方案的研究、制订、修缮等全过程互动。

2) 一致性

房地产项目环境影响评价的重点及专项评价内容应当和拟建项目对环境影响的性质、程度及范围保持一致，和拟建项目涉及的领域以及所在区域的环境管理要求相匹配。

3) 系统性

由于房地产项目涉及的主体较多，开发周期长，开发流程复杂，因此需要基于系统理论对房地产项目环境影响进行全面的评价，综合考虑各种资源和环境要素间的相互关系，着重分析项目建造运营对生态系统造成的整体影响。

4) 真实性

对房地产项目进行环境影响评价时，房地产开发者提供项目资料时应实事求是，这对指导企业进行正确的投资决策有重要作用。

5) 科学性

环境影响评价的基础理论必须真实可信；评价的内容合理、准确、全面；评价的过程科学、规范；评价的结论客观、合理、有效。

6) 动态性

建设项目的环境管理评价必然会随着国家法律法规、经济、技术水平等方面的进步而不断发生变化。因此，建立房地产项目环境管理指标体系时，必须全面考虑动态特征，能贴切地描述、度量行业及相关政策今后的发展动向，坚持评价指标体系的补充、修改与完善工作。

2. 评价依据

环境影响评价的依据包括：《中华人民共和国环境保护法》《中华人民共和国水污染防治法》《中华人民共和国大气污染防治法》《中华人民共和国固体废物污染环境防治法》《中华人民共和国噪声污染防治法》《中华人民共和国环境影响评价法》《建设项目环境保护管理条例》。

2.2.5 环境影响评价的步骤

环境影响评价工作一般按照以下四步进行：

1. 现状调查

为了掌握现状，首先要对拟建工程项目的位置、规模、原料、能源、工艺及可能产生的污染物进行全面调查，其次要收集自然环境和社会环境的现有资料，还要掌握评价范围内的大气、水系、土壤、生物的背景资料。

2. 影响预测

在完成各项现状调查的基础上，选择污染物扩散模式进行模拟和实验。污染物扩散模式实际上是污染源排放量与污染物浓度分布互相关系的表达式，它可以反映污染物在环境中迁移转化的客观规律。在进行污染物扩散模式的同时要进行模拟、试验，如环境风洞试验、示踪扩散试验、烟雾试验等，以研究污染物在环境中的变化规律，验证它是否与计算结果一致。

3. 进行评价

在进行评价时首先要选择环境标准，我国公布的许多环境保护法规和卫生标准都可供选择。要评价原有计划是否妥当，计划实施会给环境造成什么样的影响，减轻或消除这些影响的措施、办法以及实施计划应注意的事项。

4. 编写环境影响报告书

编写环境影响报告书是整个评价工作的总结，是拟建工程项目从环境角度是否可行的依据。如果可行，经环境部门和其他有关部门批准后，即可进行设计、施工、生产。因此，报告书务必内容充实，数据可靠，条理清楚，观点明确。

2.3 房地产项目可行性研究实战案例

某市国土资源和房屋管理局

国有建设用地使用权公开出让公告

某市国土资源和房屋管理局决定公开出让 1(幅) 地块的国有建设用地使用权。现将有关事项公告如下：

(1) 公开出让地块的基本情况和规划指标要求。

本公开出让地块的基本情况和规划指标要求如表 2-1 所示。

表 2-1　地块的基本情况和规划指标要求

序号	土地位置	用途	土地面积/m²	规划指标要求			出让价款起始价/万元	投标、竞买保证金/万元
				可建面积/m²	最大建筑密度	绿地率		
10101	某组团 A 分区 A08-1/03、A08-2/03 号宗地	商业、金融业用地	19 300	≤193 600	≤60%	≥5%	86 964	17 393
其他需要说明的宗地情况： (1) 土地面积以实测为准。 (2) 竞得人取得国有建设用地使用权成交确认书后 5 个工作日内申请订立国有建设用地使用权出让合同，逾期则国有建设用地使用权成交确认书自行失效								

(2) 中华人民共和国境内外的法人、自然人和其他组织均可申请参加(其他法律、法规、政策另有规定的除外)，申请人可以单独申请，也可以联合申请。

(3) 我局将根据申请截止时的申请情况，在 2016 年 11 月 26 日 12:00 时确定上述宗地公开出让的具体方式(招标、拍卖或挂牌)，并告知所有申请人。

本次国有建设用地使用权公开出让按照价高者得的原则确定受让人。

(4) 本次公开出让的详细资料和具体要求，见公开出让文件，申请人可于 2016 年 11 月 6 日 12:00 时—2016 年 11 月 26 日 12:00 时，到某市土地和矿业权交易中心获取出让文件。

(5) 申请人可于 2016 年 11 月 6 日 12:00 时—2016 年 11 月 26 日 12:00 时到某市土地和矿业权交易中心向我局提出书面申请。交纳投标、竞买保证金的截止时间为 2016 年 11 月 26 日 12:00 时。申请人在参与竞买报名时，应于截止时间之前向某市土地和矿业权交易中心汇入竞买保证金(以市土矿交易中心银行到账时间为准，否则不予受理报名)。

经审查，申请人按规定交纳投标、竞买保证金，具备申请条件的，我局将在 2016 年 11 月 26 日 12:00 时前确认其投标、竞买资格。

(6) 公开出让的时间另行通知，地点为某市土地和矿业权交易中心。

(7) 其他需要公告的事项。

① 公告时间内有 2 家以上(含 2 家)申报的，土地供应方将择日采取招标拍卖方式确定受让方；公告时间内仅有 1 家申报的，土地供应方将挂牌出让。招标拍卖日期另行通知。

② 取得国有建设用地使用权成交确认书后五个工作日内签订出让合同，逾期未签则成交确认书自行失效。

③ 详情请登录某市土地和矿业权交易中心网站。

(8) 联系方式：

联系地址：　********

联系电话：　********

联 系 人：　****

某市国土资源和房屋管理局

****年**月*日

第3章 价值工程在房地产开发项目建筑设计中的应用研究

本章首先介绍了价值工程的原理；其次分析了全生命周期成本的组成项目及全生命周期成本的计算方法，以达到计算项目的全生命周期成本的目的；接着介绍了系统化功能分析技术；然后将价值工程方法运用于工程实例之中，从实践角度阐明了在房地产开发设计阶段中推广应用价值工程的巨大经济效益和社会效益；最后得出结论。

3.1 概 述

3.1.1 研究背景及意义

1. 研究背景

建筑设计阶段是房地产开发项目进入实施的开始阶段，对整个房地产开发项目的成本、质量及进度起着关键性作用，是形成未来房地产开发产品价值的最重要阶段。根据相关统计资料分析，站在时间角度来看，从开始设计到完成技术设计，大概占建设期的四分之一，再到施工图设计结束，占建设期的不到二分之一。可是站在影响投资的角度来看，初步设计阶段影响是最大的，影响投资程度比例为70%～90%；技术设计阶段其次，为30%～70%；施工图设计阶段在设计阶段是最小的，为10%～35%。图3-1所示为项目各阶段对房地产开发的经济性影响。

价值工程方法是与提升产品价值相关的知识体系，无论该产品是一台新设备、一个生产项目或者是一套管理程序。价值工程方法的应用产生于价值研究的过程。价值工程的起源是从寻找代用材料开始，逐步从原材料采购发展到改进产品设计及制造过程。价值工程的创始人麦尔斯经过实践和研究发现，欲生产创造出物美价廉的产品，即价值高的产品，如果不改变原来的设计方案，就不可能大幅度地降低产品的成本，这是因为产品的成本绝大部分是在设计阶段确定的。如今价值工程活动可以在项目的各个阶段开展，如设计阶段、招投标阶段、施工阶段以及项目建成投产使用阶段。但就其效益和效果来说，价值工程研究还是越早开始越好，即在设计阶段比其他阶段都要好。

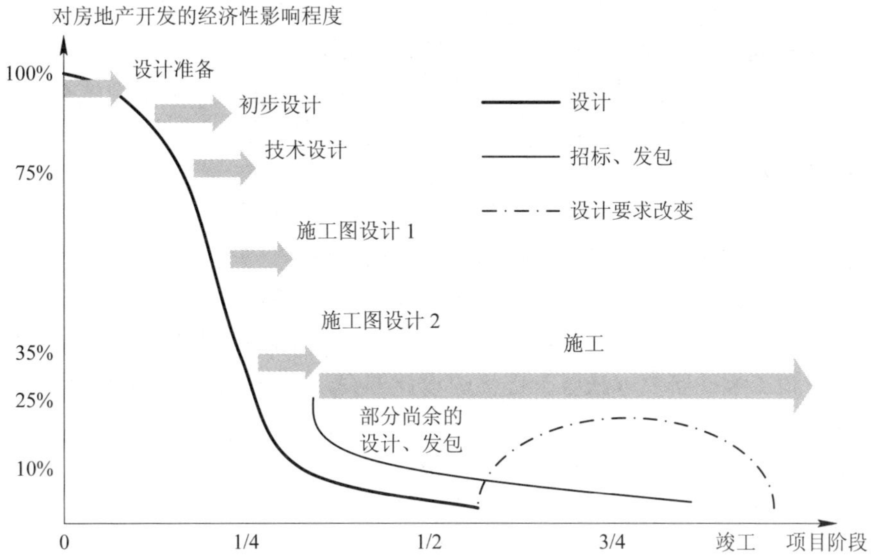

图 3-1　项目各个阶段对房地产开发的经济性影响

在我国，对价值进行定量分析并不多见，既然价值是一种衡量标准，我们就不能只停留在对价值进行定性分析的基础上，还应该寻求对价值进行定量分析的方法。要知道，功能的创造和使用是要花费一定的人力和物力资源的，这种生产和使用过程中的活劳动消耗和物化劳动消耗构成了价值工程对象的全生命周期成本。从这个意义上讲，功能的创造、使用与全生命周期成本的花费是同一过程的两个不同侧面，因此它们是互相关联的两个概念。在相同的技术经济条件下，功能相同的产品，消耗应该大体相同。也就是说，在一般的情况下，对象的功能与全生命周期成本客观上存在着一定的数量比例关系；在不同的技术经济条件下，不存在相同的功能与全生命周期成本的比例关系。正因为功能与全生命周期成本有这样的关系，就使我们有可能对价值进行定量分析。价值工程的创造就是使价值成为一个可测量的量。但这并不意味着对价值进行定量分析是一件非常容易的事情，相反，这一过程还是比较困难的。从 $V=F/C$ 一式中可以看出，要定量地研究价值，就必须将 F 与 C 数量化。C 的数量化一般不存在什么问题，因为它是以货币为计量单位的。但 F 的数量化则比较困难，因为 F 往往是技术或效果指标，有些可以定量，如精度、强度、容量、音量、光洁度、光通量等等；有些则不能直接定量，如艺术功能、美学功能、节能环保性、可靠性等等。所以，定量分析价值在很大程度上取决于定量分析功能，功能数量化解决了，价值的定量分析也就不存在什么问题了。本章将介绍如何使用功能成本法定量分析功能和全生命周期成本、性能及功能相联系的价值衡量标准。

2. 研究意义

在研究背景中，我们介绍了在房地产开发项目全生命过程中，设计阶段是应用价值工程的最好阶段，能产生较大的效益和效果。确切来说，在房地产开发项目的设计阶段运用价值工程有以下几方面的作用：

(1) 在设计阶段应用价值工程，可以更好地满足社会需要。

每一项建筑产品的投产交付使用，都是缘于社会的需求。设计社会所需求的建筑产品时必须符合两个要求：第一，能够设计出所需要的功能；第二，该建筑产品在建设期成本、营运成本、维护成本及拆除成本即全生命周期成本最低。这两个要求是决定建筑产品设计成败的最关键指标。唯有满足了上面两个要求，设计师设计的建筑产品才能被社会所认可。价值工程在建筑设计阶段的正确应用恰恰能够满足这两个要求，因为其理论的核心是在全生命周期内用最小的成本满足功能要求。所以，将价值工程运用在建筑设计中，可以更好地满足社会的需求。

(2) 将价值工程运用在设计阶段中，可以更好地发挥创造性。

在现实工作中，设计人员在做设计的时候经常单一画图，表现为设计单一性的缺陷，对其创造性的发挥造成了很大的影响。价值工程方法的使用，要求成立价值团队，要求每位成员根据价值工程的研究方法寻求更优的设计方案，使单一性变为多样性。价值工程组织团队由多个不同专业的人员共同参与，他们分别是：价值管理专家、外部设计人员、内部设计人员、项目经理、造价工程师、物业管理人员及用户代表，每个人都会有各自对某个问题的看法和见解，可选择出更好的设计方案。

3.1.2 国内外文献综述

1. 国外研究现状

价值工程(Value Engineering，VE)又称价值分析(Value Analysis，VA)，是一种比较新的当代管理技术，在对保证必要功能和提高产品或项目的性能方面有着很大的作用。该技术是在 1947 年由迈尔斯(L. D. Miles)发明的，创造出巨大的经济效益和社会效益，取得了很大的成功，并且迅速在美国得到了广泛的应用，在高校里面引起了强烈的轰动。

由于麦尔斯的卓越贡献，通用电气公司授予了他公司的最高奖励“柯芬奖”。美国海军部授予他“杰出的公共服务奖”，以表彰他的价值分析系统给联邦政府带来的利益。随着价值工程应用效益的日益突显，一些价值工程咨询机构、公共机关、高校尤其是工程院校对价值工程研究和应用的积极性，工程承包商、施工业主对价值研究应用的主动性日益高涨，以培训 CSV 资格为主的 VE 专题研讨会成为众多行业协会的重要业务之一。

在 1993 年 5 月美国第 103 届国会第一次会议上，拜恩女士等向美国众议院公共建设与交通委员会提交了“价值工程改善交通法”的议案，要求联邦政府增加工程成本在 200 万美元以上项目的投入，并应用价值工程，减少成本。在 1995 年 1 月 27 日美国第 104 届国会第一次会议上，伊利诺伊州的科兰女士等向美国众议院政府改革委员会提交了“价值工程系统应用”议案，要求联邦机构应用价值工程。在 20 世纪，美国以公共法令的形式命令政府部门执行并且实施价值工程理论，正确应用其方法和实施过程，选择哪些技术进行功能分析，对于成本如何控制都用法律加以明确。这是价值工程理论首次被以法律的形式在国家工程项目中使用，这确定了价值工程理论在现实中的重大意义。

日本使用价值工程理论比美国晚了很多年，然而价值工程理论在日本发展迅速，备受重视，得到了全面的应用，并且取得了巨大的成功，为日本的经济发展注入了强劲的血液。早在 1995 年，日本以锡业贾一郎为团长到美国考察，在美国了解了价值工程理论的巨大影响和实际价值。锡业贾一郎回到日本就向日本公众讲解价值工程，但很少得到实施。直到 20 世纪 60 年代，日本经济衰退时，日本各大公司才开始关注价值工程理论并且实施价值工程方法。在日本，价值工程不仅得到了很好的应用，而且得到了进一步的发展，如早稻田大学的田中老师的“最合适区域法”、中山正和的 N.M.法、川喜田二郎的 K.J.法。

欧洲也是较早应用价值工程理论的区域，比如瑞士、荷兰、西班牙、葡萄牙、奥地利等国。在这些国家当中，荷兰应用得最早，价值工程理论在 20 世纪 60 年代初就引入了荷兰，一开始就得到了很大的应用，而且稳扎稳打地推进到更大范围。西班牙把价值工程理论程序标准化，写入了国家标准。

2. 国内研究现状

早在 1976 年，日本产业能率大学教授受邀来中国讲授价值工程理论课程，但我国正式引入 VE 是在 1978 年。曾经有科学家向全国人民政治协商会献出法案，要在我国很多领域应用价值工程方法，1985 年全国人民政治协商常务委员沈日新同志指出，要在我国迅速推广价值工程理论，发展出有中国特色的社会主义应用价值。VE 在我国第一次得到应用的是在原国家机械部，该部以部门法规的形式出台了关于积极推行价值工程的通知，该通知要求在其部门内和主管的企事业、科研院所内深入研究和贯彻落实价值工程理论和方法，从应用的角度发展价值工程理论，做到常用常新。该通知对于价值工程在我国的使用有着巨大的价值，为后续应用价值工程方法做了很好的铺垫。

尽管价值工程在我国的推广应用较发达国家要晚些，然而我国奋起直追，已经走出了一条中国式的应用价值工程之路。在价值工程原理和技术方法的应用上，所采用的诸如多比例比较法、价值指数的基点分析法、制定目标成本的基点法、产品物美价廉程度的定量分析法、价值转化工程等，就是最好的说明。

20 世纪 80 年代，徐大图、龚维丽、刘尔成等学者先后提出了价值工程应用于建筑设计阶段的优化评价研究的思想；90 年代以后，出版了徐大图的《建筑项目投资控制》(1993 年 3 月)专著，该书引进国外的价值工程理论，通过某公路改造方案案例，阐述如何应用价值工程优化设计，指出价值工程在工程设计阶段控制项目成本大有可为。2002 年黄荣校指出，我国从事建筑行业的人员不注意价值工程的应用，据一项建筑业的研究表明：工程设计人员对 VE 完全不了解、了解一些、了解很多的分别占 25%、75%、0%，工程施工人员对 VE 完全不了解、了解一些、了解很多的分别占 35%、59%、6%，对于 VE 的应用，只有 24%的人曾经有过，而且大多数的应用是零散的，持久运用的很少。2000 年杨红亮等人通过对电厂设计中两个典型的局部方案的比选，说明在设计阶段应用了价值工程理论的方案有很好的效果。2003 年尚少文等人利用价值工程在四种空调冷热源组合方案中进行优选。2005 李新梅指出价值工程在我国，尤其是应用在隧道工程施工组织设计中是一个新生事物。

在 VE 的应用和推广过程中，需要上级主管部门高度重视和大力支持，根据价值工程规范和分析对象的具体情况，建立完善的奖励制度，多部门要协调配合，还要大胆创新，大胆使用，才能不断地更新，发挥出其潜在的作用。2005 年方俊等人分析了设计变更方案评价与工程总体设计方案评价之间的关系，提出了设计变更方案评价的六大指标体系，即质量指标、工期指标、财务指标、功能指标、工艺指标和安全指标，并运用价值工程原理建立了设计变更方案的评价模型。2005 年李争指出价值工程在施工图设计阶段主要可能的活动对象以及重点部位，通过价值工程在某一实际工程项目排水设计中的应用，简述了价值工程在建筑设计中的一些程序和方法，从实际出发证明了价值工程的重要作用和现实意义。2007 年侯丽娜利用价值工程原理建立了节能窗户设计评价模型，从住宅窗户的简单分类及窗户的功能定义和功能整理入手，阐述了住宅节能窗户的功能分析和评价的过程，在价值工程活动中，全生命周期成本占据了关键的地位，该模型对住宅节能窗户的全生命周期成本进行了较为详细的分析。2008 年赵燕应用价值工程进行设计方案选择和优化，指出可以将技术分析和经济分析有机地结合起来，建立一种工程必要功能和工程投资良性协调的控制机制。在明确工程必要功能的前提下，充分发挥设计人员的创造精神，鼓励采用先进的工艺和技术，不断完善方案，经过价值评审小组的分析，从中选取最合理的经济方案，提高建筑项目投资效益。2011 年张小琴指出，价值工程作为一种技术与经济相结合的方法，正好迎合了降低造价、提高功能的目标追求，在桥梁实施各阶段都能发挥很大的效能。

3.1.3 当前房地产开发设计中存在的问题

当前房地产开发设计存在如下问题：

(1) 在房地产开发设计方面，缺乏包括设计、施工、使用、维护等各阶段在内的全周期节能统筹安排。

(2) 限额设计被不正确和夸大使用。在我国，很多时候限额设计是在设计概算中出现的，这根本没有起到限额设计、成本控制的作用，因为限额设计是在初步设计完成之前确定的。初步设计完成后，再根据限额设计限定成本，这样肯定会造成设计的不合理。另外，限额设计使得设计阶段关注的焦点只在于建设期成本，而对建筑产品后期的运营成本等很少考虑，这样可能会使得建筑产品全生命周期内的费用较高，经济性较差。

(3) 技术和经济结合不紧密。设计人员在做方案技术设计时较少考虑项目的经济性，他们认为经济性应由造价人员来控制，然而造价人员对项目的实际情况了解很少，完全是根据设计图进行估价或预算的，这样势必会造成技术和经济结合不紧密。

3.1.4 价值工程在房地产开发设计中的应用现状分析

价值工程引入我国已有很长时间。通过调查发现，其在房地产开发设计中的应用有以下特点：

(1) 通过项目任务书确定业主要求。设计人员认为满足任务书的要求，就满足了业主的要求，没有调查了解业主真正的需求和想要实现的功能，而不确定业主真正的需求，就无法运用价值工程。

(2) 在签订合同之后没有正式的机构来实施价值工程。每次评审前，设计公司临时根据项目本身的特点找有关技术人员进行评审，没有一个专门的机构来实施价值工程，具有随意性和不确定性。同时评审人员全部由公司内部人员组成，评审不能反映设计方案的真实情况。

(3) 设计人员缺乏造价知识。设计人员不参与造价，很少了解所选择结构、部件的成本，这样设计出来的方案不能确保成本最低。图纸由设计人员完成后，造价部门进行成本估算，这样会造成实现必要功能的成本过高。

(4) 对价值工程的理解比较狭隘。很多设计人员不了解价值工程，即使知道，也只是了解价值工程的概念，没有系统学习过相关理论知识，认为价值工程就是降低成本，认为建筑业的价值工程就是建筑结构、墙体结构、管道粗细、建筑物区位的选择等。这些对价值工程的认识是非常肤浅的。价值工程的目的不只是降低成本，而是强调以最小的成本实现必要的功能，强调功能的合理性。

(5) 评审专家的人员组成存在问题。第一次评审由方案设计人员自审，成员全是参与设计方案的原设计人员，组成单一，容易受原有方案的束缚。没有业主、项目经理、跨学科的专家、财务人员、施工人员等对设计方案的共同评审，不可能对方案做出全面、综合评价。第二次评审由设计公司技术部的专家组成，同样存在上述问题。这种评审结论重技术，轻功能和成本。同时内部专家的权威性使得资质较浅的设计者不敢发表不同见解，压制了合理的建议。

3.1.5　房地产开发设计中应用价值工程的必要性

1. 从现实情况来看

所谓设计，就是为提出的任务求得一个在技术上尽可能完善、经济上尽可能合理并能满足美学要求的解决方案。因此，在设计中，必须从技术和经济两方面来综合考虑。当前，设计人员缺乏经济知识，造价人员缺乏技术知识。而价值工程却是技术与经济相结合的一门边缘科学，既要研究技术，又要研究经济，既要避免在提高质量时不必要地提高成本，又要避免在降低成本时不合理地降低质量。应用价值工程可以使技术与经济结合起来，质量和成本统一起来，从而能比较理想地把物美、价廉定性、定量地统一于最佳方案之中。

2. 从设计方法来看

现在常用的设计方法是指理论力学、材料力学、结构力学等传统的设计方法。由于试验条件的限制，试验数据的不足，在设计中安全系数往往偏大，造成结构不紧凑，产品重量增加，致使产品功能过剩，生产成本提高。而设计人员对现代化的设计方法(如优化设计、可靠性设计、技术美学设计、系统工程等)又较陌生，短期内还不可能普遍运用。在这种情况下，广泛推行和应用价值工程可以较好地克服传统设计方法中安全系数过大带来的种种弊病，基本上可以达到现代化设计的效益和水平。

3. 从设计成本的形成来看

一个房地产开发产品成本的 70%～80%是在设计阶段决定的。房地产开发产品的设计成本是决定产品经济效益高低的先天性因素，设计中的失算是最大的浪费，设计中的精打细算是最大的节约。因此，应该从房地产开发产品设计的开始就进行技术经济分析，努力以最小的成本支出达到最合适的产品功能，使房地产开发产品的结构、性能、工艺、原材料选用和配合等都建立在质量与成本最佳值的基础之上。

4. 从价值工程研究的特定成本的含义来看

价值工程所研究的成本不是仅限于建筑阶段的成本，而是整个生产过程和使用过程全生命周期的总成本，甚至还包括建筑产品报废时的处理成本。如果只是生产成本降低，而产品的质量和性能变差，那么产品的使用维护费就提高了，产品全生命周期内的总成本就可能提高。

5. 从价值工程的应用过程来看

价值工程的应用过程实质上是一种定量分析管理技术的应用过程。定量分析是用数学的方法来把握事物的“量”的方法。由于价值工程是在泰罗制的基础上发展起来的，属于执行层次的科学管理的原理和方法，因此它的运用一般不涉及深奥的数学理论、烦琐的公式推导及电子计算机的应用。即使在目前多数设计人员文化水平参差不齐的情况下，仍有广阔的应用前景。因此，价值工程易于快速推广运用，普及性较强。

6. 从价值工程的特点来看

价值工程的特点是运用集体智慧进行有组织的创造性活动。这对更好地坚持一些有中国特色、行之有效的传统经验，诸如管理的民主化、决策的集体化等，显然是有益的。由于价值工程以开发集体智力资源为基础，以科学分析方法为手段，巧用现有的人力、物力、财力和信息，而不是追加投资以大幅度提高经济效益，因此，对这种属于集约化经营、以内涵为主的发展生产的价值工程，应予以高度重视，这对从整体上搞活、搞好国有经济，提高企业素质是卓有成效的。

当然，价值工程不是包治百病的灵丹妙药，它的合理性是相对于一定的时间、地点、条件而言的，有适用范围和适用程度。关于价值工程，概括起来就是：价值工程是用创新精神以尽量少的劳动消耗和物质消耗，生产出更多符合社会需要的产品；它是医治投入高、消耗高、成本高和产出低、质量低的良药；它是提高效率、效能、效益的有力工具；它是经济增长方式从粗放型向集约型转变的加速器。

3.1.6 应用价值工程的方法与技术路线

1. 方法

在应用价值工程进行房地产开发项目建筑设计时，要采用以下方法：

(1) 理论指导。价值工程理论自诞生之日起，经受了大量的实践检验，被证明是一个非常有效的控制和降低产品成本的方法。企业在进行经济活动时，引入这个理论并以此为指导，会少走弯路，提高效率，起到事半功倍的效果。

(2) 充分发挥专家作用，定性分析与定量分析相结合。本书在进行功能及成本分析时应用了定量的分析方法，但对于功能与性能之间的联系还需要专家的丰富经验与知识。在应用价值工程的实践活动中，需要实实在在发挥调查研究的作用，发挥各方面专家的作用。这也是组建价值团队的原因所在。

(3) 查阅国内外相关研究文献。在应用价值工程的活动中，应广泛查阅维普中文科技期刊、CNKI 中文期刊数据库和优秀博硕士学位论文数据库、EBSCO、Springer Link、PQDD 等，同时利用 Internet 网络资源查找与研究内容有关的最新动态。

2. 技术路线

应用价值工程的方法对项目进行研究的技术路线如图 3-2 所示。

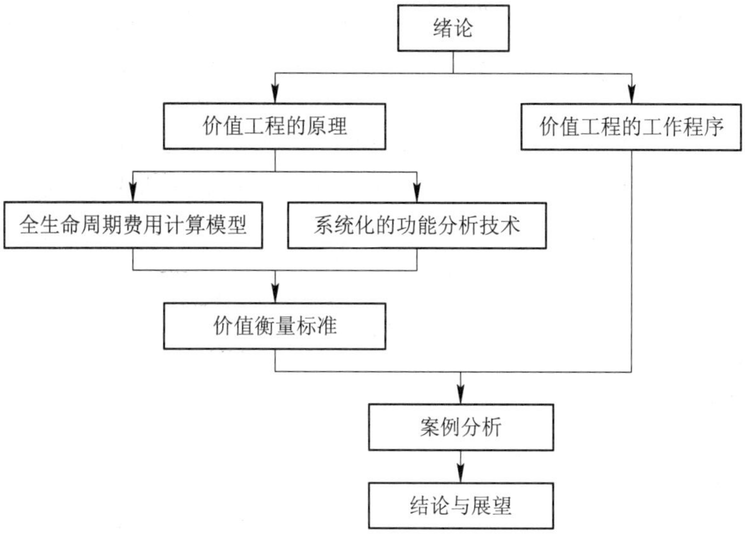

图 3-2　技术路线图

3.2　价值工程原理及其工作程序

3.2.1　价值工程原理

价值工程是一种从功能角度考虑、以提升产品价值为目标的科学方法。迈尔斯首先给价值工程下了这样的定义：价值工程是一个完整的系统，用来鉴别和处理在产品、工序或服务工作中那些不起作用却增加成本或工作量的因素。这个系统运用各种现有的技术、知识和技能，有效地鉴别对用户的需要和要求无贡献的成本，从而帮助改进产品、工序或服务。

1987 年，我国制定了关于价值工程的国家标准——《价值工程的基本术语和一般工作程序》(GB8223—87)。该标准是这样定义价值工程的：价值工程的参与者发挥各自的优势，相互合作，将产品作为研究对象，系统地分析其功能和成本，不断改造和优化方案，最终提高产品的价值。这一概念包括了价值工程的研究对象、研究目的和研究思路，它比国外对价值工程的定义更加完整。

由以上定义可以知道，价值工程的研究对象包括产品和工程项目等，这些对象通常是想获得功能而产生成本的事物。价值工程的最终目标是全生命周期成本达到最低而又能很好地使产品的功能满足用户的需求，从而使综合效益达到最高，在最大程度上提高研究对象的价值。

价值工程中所应用的一种技术——系统研究技术，被称为工作计划。工作计划可作为界定工作范围的指标，以确定达成各项功能的最经济组合，同时也可帮助我们发现设计上的高成本之处。价值工程可作为设计者制订计划需求时必须的功能分析方法。

“价值”具有不同的含义。例如，它在价值工程中的含义就完全不同于它在政治经济学中的含义。在政治经济学中，“价值”是指凝结在商品中的一般的、没有差别的人类劳动，这也是一件产品之所以为商品的条件之一，它显示出了商品创造人之间进行劳动交换的社会关系，而对商品价值大小起决定作用的是社会必要劳动时间。而价值工程中的“价值”通常指的是产品的功能和为达到功能而产生的成本的比，这是用来确定研究对象的经济效益的重要尺度。

理解价值工程中“价值”的含义，对我们衡量研究对象的功能和全生命周期成本起到了非常大的作用。因为价值工程定义了只有用最低的全生命周期成本来满足用户对产品的需求，才能产生最大的价值。

通过上述分析，可以把价值的一般表达式写成：

$$V = \frac{F}{C}$$

式中：V——价值。

F——性能。

C——全生命周期成本。

从上式可以看出，价值与性能成正比，与全生命周期成本成反比，价值是性能与全生命周期成本的函数。性能相同的对象，全生命周期成本低的，价值就高；全生命周期成本相同的产品，性能高的，价值就高。

由上面的公式我们可以定性地得出提高价值的五条途径，如表 3-1 所示。

表 3-1　提高价值的五条途径

序号	模式	办法	特点
1	$F\uparrow/C\downarrow=V\uparrow$	提高性能，降低全生命周期成本	是价值工程的主攻方向
2	$F\rightarrow/C\downarrow=V\uparrow$	性能不变，降低全生命周期成本	着眼于降低全生命周期成本
3	$F\uparrow/C\rightarrow=V\uparrow$	提高性能，全生命周期成本不变	着眼于提高性能
4	$F\uparrow\uparrow/C\uparrow=V\uparrow$	性能大大提高，全生命周期成本略有提高	着眼于提高性能
5	$F\downarrow/C\downarrow\downarrow=V\uparrow$	性能略有下降，全生命周期成本大大下降	着眼于降低全生命周期成本

3.2.2 设计项目使用价值工程方法的条件

对于不同的建筑项目，在运用价值工程进行研究时可以发挥不同的作用，节约潜力也是不同的。我们应该选择什么样的项目开展价值工程活动？对哪些项目开展活动可以获得较大的收益？经验表明，以下几种项目可以重点考虑。

(1) 投资大的项目。根据统计和经验，开展价值工程研究活动可以节约造价的 5%～10%，甚至更高，所以对投资大的项目进行研究，可以节约的资金更多，效果更明显，价值工程的效益更高。

(2) 复杂的项目。开展价值工程研究活动提供了这样一种机会，即可以从专家那里得到解决问题的其他可能方案。对复杂项目来说，如果参与价值工程研究的专家是独立于原设计单位的，那这些专家往往可以提供很好的建议或方案，对项目无疑是非常有利的。

(3) 重复生产的产品或项目。有时候需要在不同的地点完成同样的项目，即重复建筑，在这种情况下，对该建筑进行价值工程研究活动，可以取得较大的规模效益。

(4) 没有先例的或采用新技术的独特项目。这些项目与复杂项目相似，因为没有先例，所以可能没有相应的经验，此时通过价值工程活动邀请有关专家参与，从不同的角度处理问题，可能会得到更好的解决方案。

(5) 工程预算限制严格的项目。开展价值工程活动能够消除不必要的成本，最大限度地提高投资的价值，越是预算比较紧的项目，越是值得进行价值工程活动。

(6) 设计进度被压缩了的项目。在建筑项目中，如果设计进度加快，往往容易导致浪费。虽然开展价值工程活动可能会使设计进度推迟，但如果组织得好，则因开展价值工程活动而使进度推迟的时间完全可以忽略。

(7) 受公众关注的项目。政府投资建设的项目或对环境比较敏感的建筑很容易受到社会舆论的监督，如果出现问题会使相关部门的工作人员处境艰难。将价值工程运用到这类项目中，往往能够降低建筑产品出现失误的概率，甚至可能规避很多失误的产生，这也是价值工程的重要目标。

与工业产品一样，将价值工程运用到建筑项目中时，也要考虑价值工程的效率、能力、实施成功的概率以及作为价值工程研究对象应该具备的基本条件。不同的建筑产品在运用价值工程进行研究时会产生不同的效果。作为开展价值工程研究的机构，如果想从价值工程研究活动中获得可观收益，在选择项目时就要考虑以上七个原则。在许多国家，价值工程研究已经成为多数建筑项目实施过程中一个必不可少的阶段，因此，并不存在对象选择问题，所以建筑项目的价值工程研究程序中没有对象选择这一阶段。我国在推行价值工程研究的初期，各企业可以参考以上原则，选择试点项目，这样做一方面比较容易产生效益，另一方面，只有产生了可观的效益才能引起广泛关注，才容易推广，才能在成功的基础上总结经验，向全行业、向所有项目推广。

在确定对某项目进行价值工程研究以后，还有一个选择重点部分或重点功能进行集中研究的问题，这就需要对项目的成本进行分解分析，建立成本模型和其他模型，选择成本高的区域、部位或功能进行研究。

3.2.3　价值工程的组织

价值工程活动是一项有组织的群体研究活动，通常是由各个领域的专业人士组成的专业研究小组(VE Team)开展的一系列研究活动。如果深究到具体项目的具体问题，那么价值工程活动究竟应该由谁参与，多少人参与，由谁负责组织，这些都是影响甚至决定价值工程活动成效的重要方面。因此，要慎重选择具有不同领域、经验有区别的专家，从而优化组建价值工程研究小组。

(1) 研究小组的规模。实践表明，价值工程研究小组成员人数的最佳范围为 6～12 人，这样才能使价值工程研究活动的效率最大化。如果人数过多，研究小组越难以控制，可能导致在研究具体问题时产生较大分歧，花费过多时间研究和讨论，最终降低研究小组的工作效率。另外，让过多的人参与，可能会抑制某些参与者的积极性和创造性。相反，在规模小的团队中，更容易激发建立“团队精神”和合作关系，而这种“团队精神”正是保持每个人的热情、保持团队创造力和工作效率的关键因素。

在特大型项目或特别复杂的项目中，多请一些专家参加也是必要的，当价值工程小组的规模不得不超过 12 人时，可采用分组活动的办法。在价值工程活动的大部分时间中，每个小组独立活动，而在价值工程研究活动的几个关键节点时再进行汇总、交流。

(2) 研究小组的人员组成。由于价值工程研究小组的人员数量控制在了一定的范围内，因此必须要选好每一位参与者，根据项目不同，复杂性不同，在进行价值工程研究时，小组的人员组成也不一样。

价值工程取得成功的关键因素，除了不同专业的人员参与外，其他方面的人员参与也是十分必要的，如物业管理人员、用户代表和其他方面的专家等。同时还应包括造价工程师，以便对不同的建议或方案进行经济评估。

价值工程研究的时间阶段不同，参与价值工程研究的人员也可能不同。在项目早期开展价值工程研究时，应注重对宽广的、战略性的问题进行研究；而后期进行价值工程研究时，则应注重对具体的、技术性的结构或构件进行研究。研究侧重的方向不同，参与价值工程研究的人也不同。

(3) 价值工程小组中的组织者。在价值工程研究的参与者中，应该选择一个有优秀组织力和协调力的人，通常称之为价值工程协调人(Value Engineering Team Coordinator，VETC)。这个协调人应该具备领导整个价值工程研究活动的能力，并且能够控制其全部过程，因此，这是一个非常核心的角色。

(4) 参与价值工程研究的设计人员。一般认为项目的价值工程研究应由独立的设计专家参与，即不能由原设计班子的人员参与，要组织一个由外部专家组成的价值工程小组。由外部专家组成价值工程研究小组具有如下优点：

① 邀请外部专家参与，有助于提出新的解决方案。由于项目的复杂性，设计方案会存在多种可能的选择，一旦选择了某种方案，就意味着放弃了其他可能的方案。由于设计者的习惯性思维和为了降低设计成本，满足设计进度的要求，设计者原先选定的方案在头脑中会更加坚定。但是，外来专家在审核原设计时，由于他的经验和背景不同，因此不会受到原设计者思路的限制，可能会产生新的方法，带来有价值的解决方案。

② 原设计方案可能存在缺陷或潜在问题，由原设计人员审核或参与价值工程研究时很难发现其中的问题。许多人都会对某些方法有偏好，从而妨碍他继续寻找更加符合实际的替代方案。况且，一般人都不愿意对自己甚至同事的设计方案提出批评意见或找出其中的错误。由外来设计人员参与就不会存在这类问题。

③ 原设计人员很难自始至终参与价值工程研究活动的全过程。根据以往进行价值工程研究活动的经验，设计者普遍具有这样的态度：我已经对这个项目了如指掌了，为什么还要在收集信息阶段参与研究，简直是浪费时间。这种态度常常会影响人们的情绪，阻碍价值工程研究活动的进程。

当然，邀请外部的专家参与价值工程研究也会产生矛盾，甚至造成敌对情绪。原设计人员花了很长时间，耗费了很多精力和劳动才完成了设计方案，在短时间的价值工程研究活动中，由外来专家对其设计方案提出许多改进的意见，很容易激怒原设计人员，特别是在很大程度上修改原设计，显著减低成本时，这种不愉快将是十分明显的。这是正常的心理现象，应该给予理解。价值工程协调人员应该引导价值工程研究小组中的成员培养一种职业的、宽宏大量的姿态，价值工程研究不是去对原设计挑毛病，而是去优化设计，如果发现有什么遗漏或错误，应该采取适当的做法，不应大肆宣传或积极向业主汇报并夸大其词。

根据以上分析，在选择价值工程研究人员时，应该根据具体项目的具体情况进行分析。请一部分外部专家，请一部分原设计人员共同参加。

3.2.4　在房地产开发设计阶段的价值工程研究活动

在房地产开发设计阶段，价值工程研究活动也不同于一般的工业产品。国际上一般将建筑项目设计阶段的价值工程研究活动分为两大阶段：研究准备阶段(Pre-Study Phase)、研究阶段(Study or Workshop Phase)。国内房地产开发也不例外。

1. 研究准备阶段

(1) 在研究准备阶段，主要是为价值工程正式研究活动作准备，通常是组织准备和技术准备，具体步骤如下：

① 召开准备会议。会议的参与者包括业主、设计者、价值工程专家，主要目标是统一思想、明确目标，全面了解项目的相关事项。

② 建立成本模型(Cost Model)。建立成本模型就是分析和分解项目成本，了解各项成本的来源。

③ 建立价值工程研究的组织，确定其参与者等。

(2) 在研究准备阶段，应该完成以下工作：

① 召开动员会。

② 选择参与价值工程研究的人员，组建价值工程研究小组。

③ 确定价值工程研究的持续时间。

④ 确定价值工程研究的地点和环境条件。

⑤ 收集初步信息。

⑥ 现场考察。

⑦ 成本和成本的分析，准备有关的模型和数据。

通过成本分析，可以知道价值工程研究活动的方向，同时也能明确价值工程研究活动的对象和重点。例如，B 市某国际会展中心，在最初设计完成后进行成本分析时发现结构工程造价偏高。与一年前完成的 A 市某国际会展中心项目的造价对比，结果如表 3-2 所示。

表 3-2　某国际会展中心项目的造价

项　　目		A 市会展中心	B 市会展中心
钢筋混凝土	用量	0.48 m^3/m^2	1.07 m^3/m^2
	单价	1500 元/m^3	1500 元/m^3
钢	用量	82.5 kg/m^2	40.5 kg/m^2
	单价	8140 元/吨	10 600 元/吨
结构造价		1150 元/m^2	1500 元/m^2

通过比较可以说明，B 市会展中心项目的结构方案可能不合理，价值偏低，应该将结构工程列为价值工程研究活动的重点。该项目的实践证明，通过优化结构设计，确实大大降低了结构工程的造价。

仔细研究还可以发现，B 市会展中心的结构以钢筋混凝土为主，钢用量少，而 A 市则以钢结构为主，钢用量大，钢筋混凝土用量少。由此可以看出，在会展类的大跨度项目中，用钢结构的造价会比钢筋混凝土结构的造价低。

2. 研究阶段

(1) 在价值工程的正式研究阶段，可以分为五个步骤：

① 收集信息。搜集与项目相关的材料，主要涉及对项目的理解，对用户需求的理解以及设计人员对设计的介绍等。另外，还要对功能进行定义和系统分析，包括功能所消耗的成本和所产生的价值以及满足客户功能需求实现的方法和手段。

② 方案创造。寻找其他能够实现功能需求的方案，寻找各个具体功能的实现方式。

③ 方案分析。分析方案创造过程中产生的所有问题能否都得到解决，每个问题解决后实现功能要求的方法。

④ 方案发展与评价。通过上述研究分析和筛选，将可行的方案加以完善，并作为备选方案，然后研究各个备选方案的功能，看它们是否可以满足功能的要求，同时计算各个实现功能要求所需的成本以及全生命周期的成本等。

⑤ 最优提案。分析各个方案的特点，研究它们的优点、缺点以及实现方案的方法，最终形成最优的方案。

研究阶段的主要任务是撰写价值工程研究报告，包括全部方案的概括介绍和详细介绍。然后将报告交由业主审核，最终由委托方的业主决定是否采用，如果采用，就可以按照方案实施，并且在方案实施的过程中进行跟踪、检查、鉴定与总结。

以上所有过程，如图 3-3 所示。在每一个阶段如何组织实施，将在后面的内容中详细介绍。由图 3.3 可知，研究准备阶段是为正式研究工作做准备的，它的目标是将项目各个参与者之间的关系协调好，明确价值工程的研究目标，同时能够让项目的各参与者理解和支持价值工程的研究，相互配合，使信息流通顺利，这样就能收集到足够的价值工程研究活动的资料。

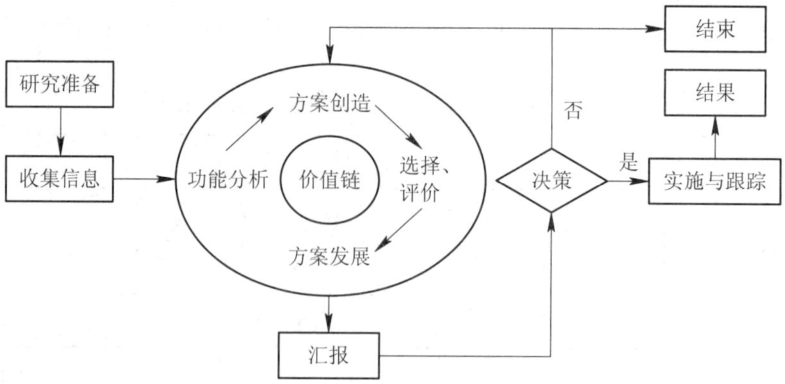

图 3-3　价值工程研究阶段流程图

(2) 研究阶段的主要工作内容。

① 对项目的概况进行介绍和说明，使价值工程研究人员都能理解项目构思、设计思路、项目现状、约束条件等。

② 定义功能并将功能进行分类，这是价值工程研究的关键，应该在充分理解项目要求的基础上由价值工程研究人员讨论完成。

③ 形成功能分析系统图(FAST 图)，把各功能按逻辑关系排序，以明确各功能的重要程度。

④ 对各功能进行评价，确定各功能的价值指数。

(3) 研究阶段工作的主要目的。

进行功能系统分析，形成功能分析系统图(FAST 图)是一个艰苦的过程，需要花费较多时间和精力，而且要经过集体讨论确定。不同的对象，同一种功能可能会形成不同的功能系统图；同一对象的同一功能，不同的活动小组也会得到不同的结果，因此，功能系统图并不是唯一的，也无所谓正确与否，研究的目的并不是得到一张完美的功能系统图，而是要：

① 明确用户对项目的功能要求。

② 开阔创新思路。

③ 通过功能系统分析和功能评价，发现价值偏低的对象或者系统，明确创新研究的方向。

(4) 研究阶段功能评价的方法。

在研究阶段，功能评价的方法有以下两种：一是功能成本化评价方法，主要是用成本表示功能；二是功能评分化评价方法，就是通过用户调查或专家打分的方式了解人们对功能接受程度的方法。

功能成本化评价是一种将功能数量化的形式，通过这种形式，功能就可以定量，它表示实现这项功能所需消耗的成本，即实现某项功能的目标成本，因此，功能成本化评价也称作功能目标成本法。

功能评分化评价是指依据各项功能的重要程度和功能实现的难易程度，对各个评价对象进行相对打分，计算它们的功能指数和成本指数，最终计算出评价对象的价值指数。因此，功能评分化评价又称为相对值法。

(5) 价值偏离(value mismatch)。

通过功能分析，可以确定客户的功能需求，将功能进行分类；通过功能评价，把成本分解分配到各个功能上。不管该产品或项目如何圆满实现要求的功能，如果它不能很好地实现客户的期望，它就没有价值。对那些需要投入很大成本的产品或项目，如果这些投入不能提升客户的接受程度，结果没有价值。这种情况可以称为价值偏离。

托马斯·库克(Thomas Cook)对成本、性能和接受程度的关系进行了研究分析，指出价值偏离必然导致价值降低，通过识别构件(零件)或功能的价值偏离，就可以发现并消除不必要功能的成本和必要功能成本中的超额部分。

要给价值一个精确的、能够适用所有情况的定义是很困难的。对任何事物的价值评判，不同的人往往会得出不同的结论，甚至同一个人在不同的条件下也会得出不同的结论。换句话说，价值是时间、人、对象和周围条件的功能表现，而不仅仅是对象本身。因此，价值不能被统一化。用变量的数学公式来计算和衡量事物的价值，在许多情况下会得出不恰当的结果。由此可知，价值应该根据其性能和客户的满意程度来衡量，价值高意味着产品或项目满足或超过了客户的期望。

根据功能的成本分析和客户对功能的满意程度，可以分析出产品是否存在着价值偏离。价值偏离有几种情况，如表 3-3 所示。

表 3-3 价值偏离的几种情况

项目	所付代价/成本的高低	接受/满意程度	价值的高低
1A	高	高	
1B		中等	
1C		低	价值低
2A	中等	高	
2B		中等	
2C		低	价值低
3A	低	高	价值高
3B		中等	
3C		低	

如果付出很大成本或代价，而客户的满意程度仍然很低，就是典型的价值偏离。因此，识别功能的类型和客户的接受程度是确定价值的关键。运用帕勒托法则(Pareto’s law)可以帮助我们寻找价值偏离。往往是少数的几个功能(20%)会大大影响客户对产品或项目的接受程度，投入到这些功能中的成本就决定了是否存在价值偏离。而对另外的大多数功能(80%)，客户并不看重，如果投入的成本很高，就存在着价值偏离。

(6) 方案创造与评价。

根据功能分析评价得到的价值指数可以判断出发生价值偏离的功能，根据客户的接受程度分析也可以发现价值偏离的功能，另外，还可以根据以往的经验数据来确定一些功能价值的大小，清楚功能改进和方案创造的重点和方向，进入方案创造与评价阶段。

在价值工程研究活动中，最令人兴奋的就是方案创造阶段。这个阶段极大地调动价值工程研究人员的热情，可以在活跃的气氛中产生丰富的成果。方案创造需在分析和评价上一个阶段的前提下，发挥创造性，为不同的功能需求创造出尽量多的替代方案。

方案评价阶段的目标和创造阶段的建议和设想是不同的，以下是一些典型的评价标准。

① 成本：

a. 节约潜力：主要有一次性投资的节约潜力，项目的运行费、维护费以及人员工资方面的节约潜力等。

b. 实施的方便性：是否容易实施，进行设计或修改设计的成本等。

c. 间接成本。

② 功能：

a. 美观功能。

b. 建议方案能否满足必要的功能要求。

c. 建议方案是否比原设计方案有改进。

d. 将来扩展或使用的灵活性。

e. 使用期间的可靠性。

f. 安全防护。

③ 时间：

a. 对设计进度的影响。

b. 对施工进度和计划的影响。

c. 对涉及施工和构建的耐久度、可靠度和使用全生命的影响。

④ 总体方面：

a. 可施工性。

b. 施工过程的安全。

c. 法律方面注意的问题。

(7) 方案发展与提案形成。

方案发展的目的是将前一阶段筛选出的提议和假想进行细化，使方案具有可操作性，这也是价值工程研究阶段中最困难也是最重要的阶段。

技术方面的专家在方案发展阶段具有相当重要的作用，他们必须对任何一个建议和问题都有深入的研究，尽最大能力形成推荐方案，同时必须要有数据的计算和方案图作为支撑，另外还需要有关于成本估算的说明以及其他的一些解释说明。这个阶段的工作性质决定了此阶段花费的时间是最多的，大概需要占整个价值工程研究时间的一半。

最后，将价值工程提案提交给决策者和原设计者，同时要向他们介绍这些提案，让他们充分理解价值工程提案。如果他们不理解或者有误解，就很可能拒绝这些提案，因此，在提交提案时，最好要将价值工程提案向有关人员作口头汇报，便于他们更好地理解。

3.3　全生命周期成本

项目价值最大是指项目在全生命周期内价值最大。我国在应用价值工程方法时，很多时候成本分析应用的是初始投资成本。这是不正确的，因为初始投资成本只能反应项目的建设期阶段的成本而不是项目全生命期的成本，建设期价值最大并不能代表项目全生命期价值最大。

3.3.1　全生命周期成本理念的提出及发展

全生命周期成本(Life Cycle Cost，LCC)管理是指在满足安全和质量等指标的条件下，使项目在其全生命周期内成本最低的管理。

国际工程管理学界最先提出了全过程造价管理(Whole Process Cost Management，WPCM)。WPCM 是指从工程可行性研究造价，到经济评价、建筑期资金的运用以及工程实际造价的确定，再到完工决算、后评价等各个阶段实施全过程的造价管理。所以，WPCM 是一项非常系统的工程，贯穿于项目的立项、决策、建设实施和工程竣工的全部过程。虽然全过程造价管理的提出在较大程度上推动了工程造价的发展，但它也存在一些缺点，因为全过程造价管理依据的是工程项目的建设成本，而没有将建设项目在移交之后的运营成本和维护成本考虑进去。例如，金茂大厦每平方米造价大体上要 20 000 元，每天的正常运行成本约需上百万元。按照英国 DEGW 在 1999 年公布的文件，将建筑物的全生命(生命周期)定为 65 年的话，金茂大厦建设成本与维护成本之比约为 1∶3 至 1∶4。按照金茂大厦每天的维护费为 100 万元计算的话，65 年全生命约需 237 亿元，差不多为建设成本的 4.5 倍左右，这是个很大的数字，是任何建设者不得不考虑的问题。所以，我们在做项目决策时，除考虑建造成本外，还得重视未来的运营和维护成本，即延伸了工程造价管理理论的发展，提出了工程建筑“全生命周期成本管理”的概念。

全生命周期成本的发展主要分为三个重要阶段。第一阶段是 20 世纪 60 年代中后期，美国军方首先提出了 LCC，当时它主要在美军重要的军用器材采购中应用。20 世纪 70 年代初是 LCC 的酝酿和探索阶段，大部分的文献都是对 LCC 的综述。第二阶段，美国政府和部队为 LCC 生成一系列文件，包括规则、指令、标准、通告和手册等，以使规定和方法更为具体化，主要发表的文献包括成本的分解、估算、建模、校核、分析和评估以及一些实例。第三阶段是 20 世纪 80 年代中后期，LCC 的方法和相关规定逐步趋于完善。后来美国总统克林顿签署政府命令，要求各州所需的装备和工程项目必须要有 LCC 报告，对于没有 LCC 估算和评价报告的，都不允许签约。在有关产品、服务、建造和项目的投资决策制造中，应该运用全生命周期成本分析，这样是为了减少政府成本和各类能源的消耗。以英国和挪威为首的 50 个国家和地区也在同年组建并参加了 LCC 国际组织。

20 世纪 80 年代后，LCC 被广泛应用并逐步走向成熟和国际化。1987 年 11 月，国际电工委员会(IEC)颁布了《全生命周期成本评价——概念、程序及应用》标准，并获得国际标准化组织 ISO 批准。1996 年 9 月，IEC 颁布了 IEC300-3-3 标准——《全生命周期成本评价》，此标准成为了 ISO9000 质量管理和保障标准的重要内容。

全生命周期成本方法是以技术规范的形式推行的，并已经成为国际标准。各国为了推动本国的工程或者设备的全生命周期成本方法的实施，也制定了很多适合本国国情的标准。在行业分布上，全生命周期成本管理已经运用在交通运输系统、国防建筑、能源工程、航空航天工程和城市建筑等方面并发挥了重要的作用。而欧洲的全生命周期成本技术已经开始进行国际合作，挪威、英国和法国等 65 家知名企业参加了全生命周期成本的联合工业项目，主要是针对全生命周期成本维护本组织成员利益，并提供咨询培训等服务。

3.3.2 全生命周期成本的概念及组成

1. 全生命周期成本的概念

目前全生命周期成本的概念有很多种。美国服务管理署的定义是这样的：全生命周期成本(LCC)是指定期限内，获得、拥有和使用某物品、系统或服务的所有主要成本。在项目的有效生命中，全生命周期成本分析包括现在和未来支出的全部成本。它不但可以评估给定方案，而且可以比较不同方案。常用的方法是把不同时间发生的成本按统一的标准折算为货币形式。

全生命周期成本的应用十分广泛，在概念、规划、设计、建设和实施的每一个阶段都可以利用；在分析产品是自制还是外购的经济成本时也可以使用。当然，如果考虑到利率的影响，全生命周期成本的作用会更加明显。在本章后面的内容中可以看到，利率的影响非常惊人。

2. 全生命周期成本的组成

每一个投资者和业主都非常关注项目的建设和运营成本，关心项目的生命周期成本，包括建筑和生产的成本估计，以及将来的能源、维护、税金以及所需贷款等成本。图 3-4 给出了一个空调设备的生命周期成本。值得注意的是，在所有的成本中，设计成本所占的比例最少。

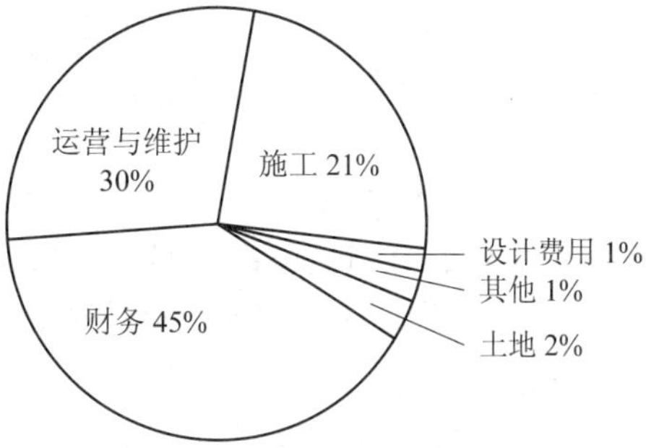

图 3-4　空调设备的全生命周期成本分配

虽然全生命周期成本是一种非常有效的决策工具，但是也应该详细了解它的应用方法，以避免可能出现的问题。尤其是财务经理，必须要明白全生命周期成本不是预算成本，因为全生命周期成本考虑了资金的时间成本，是把所有阶段发生的成本都折算到同一时间点来进行计算的。

用于全生命周期成本分析的成本科目范围非常广，应该包括从初始阶段到设备、产品或过程的完成，直到它们的使用期限结束。房地产开发全生命周期成本分析中应考虑的主要因素有：

(1) 投资成本：包括评估市场潜力、分析其他选址的成本以及完成投资计划的成本。投资成本还应包括信用担保等其他财务成本。准备出售股票和债券则是另外一种投资成本。

(2) 土地获得成本：包括不动产成本、产权成本、法律成本、契约成本、保险、土地成本以及贷款利息(为项目所购买或租赁土地的成本)等。另外，也要根据法律法规考虑相关的环保成本。

(3) 项目实施成本：包括计划、设计、招标、建设、检查以及设施、产品和过程的初始成本等，还包括预期未来可能出现的变更成本。

(4) 建设和生产成本：建设、生产或实施项目所产生的成本。

(5) 更新成本：产生于项目之后用于改变或替换项目部分内容产生的成本。一般情况下，一些特殊设备或部件的更新是形成这类成本的主要原因，可以根据不同部件的生命周期来确定项目在生命周期内会出现几次更换的情况。

(6) 残值：未来项目或产品的价值。通常残值是指在项目生命周期内结束时可以回收的资金。

(7) 运营成本：日常生产运作所产生的成本。这一类成本通常是周期性的。包括：

① 人工成本。

② 能源成本。

③ 化学品及消耗品成本。

④ 运营计划成本。

⑤ 外部服务成本。

⑥ 资源获得成本。

⑦ 运输成本。

(8) 维护成本：维护成本的形成因素。具体包括：

① 原料/零部件/润滑剂。

② 人员/人工。

③ 预防性保养。

④ 清洁。

⑤ 产品耐久性成本。

(9) 资金的时间价值：在研究替代方案的时候，时间成本的影响还是非常显著的。项目的生命以及单个部件的使用年限都是决策时要考虑的问题。资本的成本是指项目贷款所产生的利息。

(10) 其他成本：其他成本。通常包括：

① 税收。

② 保险。

③ 折旧。

④ 通货膨胀。

3.3.3 房地产开发设计阶段考虑全生命周期成本的必要性

建筑设计由建筑学、结构工程专业、暖通专业、电气专业及给排水专业的设计师共同合作设计完成。因此要提高房地产开发设计的价值，可通过共同合作提高各大系统(包括结构、暖通、电气、给排水等)的价值。本章以空调系统为例进行说明。

从全生命周期成本的角度来研究节能空调的投入及其优点，可以避免人们对节能空调成本投入方面存在认识上的“误区”。空调制造成本是集中在短时间内支出的，所以其初始投资的成本相对容易引起人们的注意，而其使用过程中的能源消耗、运营和维护费用等通常是初始投资的数倍，但是因为这些费用是分散支出的，因此常常被人们忽视。在研究节能空调时考虑全生命周期成本，可以使节能技术在建筑中得到更广泛的应用，有利于建设资源节约型社会。当前，我国对建筑节能技术的研究已经较为系统和深入，同时也制定了相关标准和规范，但是在实际实施过程中往往会出现较大的偏差，这主要是因为开发商和用户都缺乏对节能技术的全生命周期成本的理解和分析，他们只是从建造成本和购买成本的角度来考虑，认为节能空调的投入较大，从而努力避开国家建筑节能方面的标准和规范。

将全生命周期成本考虑到节能空调的研究中，有利于找到在节能投入和节能效果都令人相对满意的最优方案。空调的材料成本和加工制造成本是随着空调节能效果的提高而增多的，但其运行成本却是随着节能效果的提高而减少。所以，在选择节能空调时，一方面要重视空调的前期投入成本，一方面还要注重它的运行成本，应用全生命周期成本分析来寻找经济最优点，从而使得节能空调的全生命周期成本最低化。

3.3.4 全生命周期成本的计算

1. 资金的时间价值

由于投资的资金在一段时间以后可以获得投资回报或者利息，因此未来时间所产生的一定量的资金与现在时刻的等量资金在价值上是不相等的，利息和时间之间的关系构成了资金的时间价值概念。

资金的时间价值涉及以下几个概念：

(1) 现值(P)：是指投资期开始时，也就是资金现在的价值。

(2) 未来值(F)：是指发生在第 n 期后的资金价值(n 表示计息期的次数，通常用年来表示)。

(3) 年金(A)：是指在一定的期限内按固定的时间间隔支出同样数量的资金。

(4) 利率(i)：表示借贷机构出示的资金成本。中国人民银行根据规定的时间经常会进行利率的调整。通常利率也称为折现率。

用一个三角形图形来表示资金的时间价值有助于更好地理解它们之间的关系，其中 P 表示现在的资金，F 表示未来一定量的资金，A 表示一系列等值的资金(比如每个月都要偿还的住房贷款)，图 3-5 所示的图形表示的是在资金等值计算时各个计算值之间的关系以及表示它们的字母。

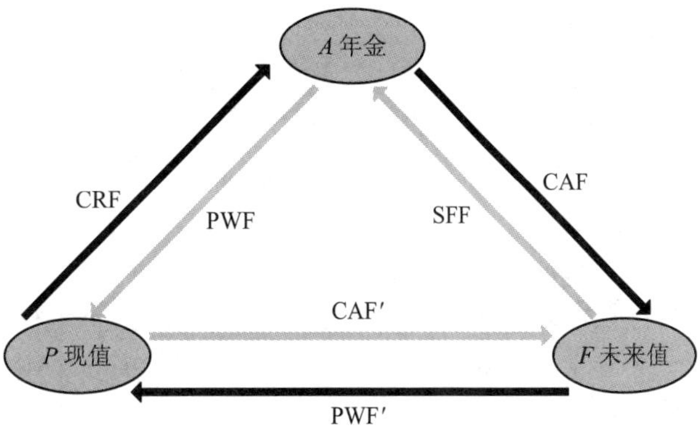

图 3-5　资金的时间价值

财务计算公式见表 3-4。

表 3-4　财务计算公式

系数名称	已知项	所求项	公式
终值系数(CAF')	P	F	$F=P\times(1+i)^n$
现值系数(PWF')	F	P	$P=F\times(1+i)^n$
年金终值系数(CAF)	A	F	$F=A\times\frac{(1+i)^n-1}{i}$
终值年金系数(SFF)	F	A	$A=F\times\frac{i}{(1+i)^n-1}$
年金现值系数(PWF)	A	P	$P=A\times\frac{(1+i)^n-1}{i\times(1+i)^n}$
现值年金系数(CRF)	P	A	$A=P\times\frac{i\times(1+i)^n}{(1+i)^n-1}$

2. 全生命周期成本的计算方法

全生命周期成本方法有利于优化决策过程，同时增加了运算和维护设施、产品或服务对于成本的敏感性。正如前面所提到的，生命周期成本实际上指的是把经济因素应用于货币支出的一系列计算。因此，在进行全生命周期成本分析之前，必须确定成本参数的数量和有效性才能保证结果的正确性。

价值管理专家通常使用两种全生命周期成本的计算方法：现值法和年值换算法。

1) 现值法

现值法的计算要求把现在和未来发生的所有成本折算到生命周期的初始时间点，也就是用现在的时间点来进行分析。初始的成本已经表示为它的现值。根据不同的使用情况，运营和维护成本一般是以年度的形式来估算。折现率、全生命周期等需要业主或者用户来确定。具体的计算方法如表 3-5 所示。该表是一个新空调系统的两个设计方案。根据业主的使用情况说明，该空调的全生命周期设定为 20 年，折现率为 10%。两个方案都需要在不同的时间以不同的成本更换主要部件，残值和未来发生的成本折算为现值，每年的运营成本和维护成本也进行折算。虽然这种方法非常有效，但是它把以后发生的所有成本折现并进行加总，实际上在一定程度上夸大了成本。由于一般项目的建筑预算与运营预算是分开计算的，所以在实际运用过程中，这种方法往往会造成理解上的不一致。

表 3-5 全生命周期成本分析(现值法)

基准方案			替代方案	
成本	估计成本	现值	估计成本	现值
初始成本/万元		3234		4764
残值成本/万元	132	20	0	0
年成本：				
维护成本/万元	10	85	4	30
运营成本/万元	2712	23 089	1868	15 903
现值成本总和/万元		26 428		20 697
全生命周期成本节约额/万元				5731

2) 年值换算法

年值换算法与现值法非常类似，只不过它把所有的成本以年金的形式表示出来。如表 3-6 所示，我们仍然使用与上一个例子相同的数据，这样大家可以通过对比来理解数据之间的联系。两种方法的主要区别是年值换算法中把所有单独的支出，不管是初始投资还是未来发生的成本，都折算为现值，然后将现值用年金的形式分期转化为一系列的支出形式，最后加上已经以年金形式计算的年运营成本和维护成本。这种方法与我们买房和买车时的分期付款是一样的，把所有的成本转化为定期支付等额年金的形式，这样得到的数据比现值法要小得多，也便于理解。

表 3-6　全生命周期成本分析(年值换算法)

成本	基准方案		替代方案	
	现值	年成本	现值	年成本
年成本：				
初始成本/万元	3234	380	4 764	560
残值成本/万元	132	2	0	0
维护成本/万元	85	10	30	4
运营成本/万元	23 089	2712	15 903	1868
年成本总和/万元		3104		2432
年节约额/万元				672
全生命周期成本节约额/万元				5731

3. 实例应用

从以上两个例子中我们可以看出，不管使用哪一种方法，方案评估时不能只关注初始投资的成本。在空调系统的例子中，替代方案虽然比初始投资高出 40%，但是由于后期运营成本和更新部件的成本比较经济，其全生命周期成本反而比初始方案要少。在价值分析过程中，价值管理专家一定要时刻关注全生命周期成本，以寻求价值的不断改进。表 3-7 所示是某商业项目中央空调系统耗能数量计算表。

表 3-7　某商业项目中央空调系统耗能数量计算表

项目名称	楼栋面积/m^2	设计冷负荷/kW	设计热负荷/kW	单位面积冷负荷/(W/m^2)	单位面积热负荷/(W/m^2)	日耗冷量/GJ	日耗热量/GJ	全年耗冷量/GJ	全年耗热量/GJ	全年耗冷量/(kW·h)	全年耗热量/(kW·h)
A 栋塔楼	52 211	8254	4981	158	95	297	179	22 886	5919	6 355 580	1 643 730
B 栋塔楼	32 138	7474	4200	233	131	269	151	20 724	4991	5 754 980	1 386 000
AB 栋商业区	3944	800	500	203	127	35	22	3630	972	1 008 000	270 000
AB 栋小计	88 293	16 528	9681	187	110	601	352	47 240	11 882	13 118 560	3 299 730
C 栋塔楼	35 383	6226	3257	176	92	224	117	17 263	3870	4 794 020	1 074 810
D 栋塔楼	34 158	7151	3952	209	116	258	142	19 828	4696	5 506 270	1 304 160
CD 栋商业	10 969	2000	1100	182	100	86	48	9075	2139	2 520 000	594 000
CD 栋小计	80 510	15 377	8309	191	103	568	659	46 166	10 706	12 820 290	2 972 970
ABCD 栋合计	168 803	31 905	17 990	189	107	1169	1012	93 406	22 588	25 938 850	6 272 700
ABCD 栋全年耗冷、热量合计								115 994		32 211 550	

表 3-7 的计算依据如下：

(1) 耗冷量、耗热量是按设计负荷计算。

(2) ABCD 栋写字楼每年供冷时间为 4 月初—10 月底，共 7 个月，按 22 天/月(154 天)、10 小时/天、使用系数为 0.5 计算。

(3) ABCD 栋写字楼每年供暖时间为 12 月初—次年 2 月底，共 3 个月，按 22 天/月(66 天)、10 小时/天、使用系数为 0.5 计算。

(4) ABCD 栋商业每年供冷时间为 4 月初—10 月底，共 7 个月，按 30 天/月(210 天)、12 小时/天、使用系数为 0.5 计算。

(5) ABCD 栋商业每年供暖时间为 12 月初—次年 2 月底，共 3 个月，按 30 天/月(90 天)、12 小时/天、使用系数为 0.5 计算。

(6) 设计冷负荷、热负荷是指单位时间为达到设定室温要求所需最大冷量、热量，实际上建筑物每天的每个时段内耗冷量、热量是不一样的，建筑物每日耗冷量、热量是没有固定的数学模式计算的。由于建筑物内每个时刻的温度场分布不是线性规律，那么所需的冷量、热量也不是线性规律。所以只能根据实际消耗确定。现在设定项目实际每日消耗热量(吉焦)作为计算依据。

(7) 千瓦和焦耳/秒的换算为：1 kW = 1000 J/S，1 kW •h = 3.6 × 100 000 J，1 GJ = 277.7 kW •h。

(8) 该项目商业用电 0.842 元/度，使用江水源热泵空调系统 0.58 元/度。因此基准方案的运营成本为 27 122 125 元(32 211 550 × 0.842)，替代方案的运营成本为 18 682 699 元(32 211 550 × 0.58)。

(9) 空调的全生命周期为设备的设计年限。

(10) 利率 i 的确定一般以行业的平均收益率为基础，同时综合考虑资金成本、投资风险、通货膨胀以及资金限制等因素。维护成本根据以往经验确定。

3.4 系统化功能分析技术

系统化功能分析技术(FAST 图解法)是功能整理的一般方法，它为分析复杂组合或过程提供了一个简明有效的方法，它是以逐层分析的方式来决定 VE 对象所需求的功能。事实上，FAST 是一种单向集约型关系图，它是一种有组织的为达到探求目的的最适合的手段和方法。因此，要明确和简化一个组合或过程，使之成为可以辨识的项目，FAST 是最佳应用工具。

由于功能阶段包含了一系列价值管理方法，所以它与传统的降低成本和解决问题是有很大区别的。功能阶段由三个不同但又相互联系的方法构成：

(1) 功能定义。

(2) 功能分类。

① 基本和附属功能。

② 上位和下位功能。

(3) 功能评价。

① 定量评价方法。

② FAST 图。

③ 成本和性能与功能关联——价值衡量标准。

3.4.1 功能的定义

功能是产品、服务或设施的特殊目标或用途，也是产品等可以使用或出售的主要特征。换言之，功能是业主、客户或用户购买该产品的主要原因，与产品的使用价值和满足用户某种需要直接相关。

最初定义功能，通常都是用很多句子来说明几种概念，即使这种方式能很好地传达功能的内涵，但是对于功能方法来说，这种方式既不精练，可操作性也不是很强。价值工程方法学从研究用户的实际需求出发，说明功能是由特定的业主、客户或用户所确定的，产品在市场上生存的特性和性能才是关注的要点。

定义功能的第一个原则就是仅用两个词(一个动词和一个名词)来说明。

动词回答“它来做什么”的问题，关注点在于用途，而不是产品或设计本身，从而引出了功能方法的内涵，这和传统的降低成本方法完全不一样。传统的成本降低回答的是“它是什么”的问题，关注点是“如何使它更便宜”，而很少考虑功能或者用户的需求。

回答完“它来做什么”之后，用一个动词来定义所要采取的行动，比如生产、控制、发行、保护、传输等。第二个问题是“它做这个干什么”，用一个名词来回答，比如电流、温度、液体、灯光、声音等，这个名词必须是可数的，至少是可以度量的。因为在评估阶段涉及成本和性能与功能时需要一个具体的度量。

在功能定义阶段应当认真选择精确的词汇进行表达。例如，一个建筑的供水系统如果定义为提供服务，那么“服务”显然不便于度量，也很难找到一个可替代的词汇。如果把该功能定义为“传送流体”，这里的名词“流体”就是可度量的，而且根据所传输的水的质量可以找到不同的替代词汇。功能定义中的名词如果是可以度量的，接下来就可以针对它来建立成本功能模型。

用一个动词和一个名词来定义功能非常简洁，这种方法的优势在于：

(1) 简明而有说服力。如果一个功能不能用两个词定义清楚的话，要么是掌握问题的信息不足，要么就是没有很好地把握问题的范围。

(2) 避免复合功能或者定义多个功能。在只能使用两个词的情况下，只能把问题分解为简单的要素。

(3) 有助于从详细的说明中分离出具体功能。当只使用两个词时，相互沟通以及理解时产生误解的可能性会非常小。

3.4.2 功能的分类

功能的分类主要有以下四种。

1. 基本功能

基本功能用来说明一个产品在市场上存在的主要目的，它所回答的问题是“该产品能做什么”。基本功能包括使用价值和功能价值。根据客户的需要，一件产品可能有多个基本功能，例如，室内的非承重墙是隔离空间，但是通过对功能的研究，它除了具有确定墙面的功能外，还有另外两个基本功能是空间保密和阻挡视线。

一般情况下，定义基本功能包括五个规则：

(1) 一旦确定，基本功能不能改变。

(2) 基本功能与项目的需求和目标直接相关。

(3) 针对基本功能的成本通常是项目总成本的一个组成部分。

(4) 基本功能不能单独出售，作为辅助基本功能的其他附属功能必须要满足基本功能的需要。

(5) 基本功能的下降将会造成价值损失。

2. 辅助功能

辅助功能也叫二次功能，是功能的相对必要部分。辅助功能是在基本功能的实现过程中，由于选择了某种特定的设计构思而必须附加上去的必要功能。例如汽车的传动机构是为“运输货物”这一基本功能服务的，而其中所用的润滑油是为了减少摩擦、延长机件使用寿命所必需的，因此，传动机构所实现的就是汽车的基本功能，而润滑油所实现的就是传动机构的辅助功能。

基本功能与辅助功能的概念是价值工程的应用基础。为了更进一步理解二者的含义及关系，以上的阐述有几点值得特别强调：

(1) 基本功能的定位与VE对象的研究目的直接相关。比方说，螺丝起子的基本功能是“供给转矩”，但它同时也可以用于撬起钉子或当做刮挖工具。因此，当螺丝起子用来撬起钉子时，它的基本功能就不应再是“供给转矩”了。

(2) 辅助功能也是用户需求的必要功能。

(3) 辅助功能是相对于必要功能而言的。它从属于必要功能，但又与所辅助的必要功能并列，而且这种并列性同时又有层次性。

(4) 由于有时辅助功能在全部功能中所占比重很大，甚至为70%～80%，所以辅助功能的研究也是价值工程的一个重要方面。随着技术的发展，辅助功能中的不经济成分也可以逐渐减少到最低限度。

3. 上位功能和下位功能

分析功能之间的从属关系，可将功能分为上位功能和下位功能，也可称为母功能和子功能，上位功能是目的，下位功能是手段。

上位功能是指基本功能所要满足的具体需求。它确定了客户对产品的所有需求，通常与项目需求建议书有关。例如，捕鼠器传统的基本功能是杀死老鼠，而其上位可能是消灭所有的老鼠。

3.4.3 功能的评价

在分析复杂或者耗费巨大的项目时，需要大量的时间和经验来逐步分析功能，并谨慎对功能进行分类和评价。本章应用系统化功能分析技术评价系统功能。

系统化功能分析技术(FAST)是分析功能相互关系强有力的图形工具。FAST 图有以下作用：

(1) 显示所有功能之间的特殊关系。

(2) 检查所研究的各功能的有效性。

(3) 帮助确定遗漏的功能。

(4) 开拓团队成员关于项目的思维。

1. FAST 图建立的过程

FAST 建立的基础是前面所讲述过的“动词-名词”规则，是一种非常良好的沟通技术。它能使团队成员在没有偏见和预期结果的情况下得出结论，同时也是决策计划实施和分析复杂方案的一流工具。

区分功能时，FAST 也可以识别基本功能和附属功能。它通过图形的方式来表示逻辑关系，形式上看起来与流程图或网络图差不多。

迈尔斯的随机功能确定方法与 FAST 图方法的主要区别在于后者把分析系统作为整体的一部分来进行处理。在进行系统研究时，功能并不是以随机的方式运作的，一个系统的存在是因为功能之间存在相互依赖关系。

在与标准进行比较时，很重要的一点就是要明白并不存在“完全正确”的 FAST 图，只有“有效”的 FAST 图，其有效程度与价值团队的才能有直接关系。由于 FAST 图的建立需要团队的协同工作，所以团队通过讨论得到 FAST 图的过程与结果同样重要。FAST 图的完成时刻也就是大家达成一致的时刻。

我们先介绍“怎么办”和“为什么”这两个概念——这种直接逻辑也是构建 FAST 图的基础。“怎么办”的问题是从左到右来进行研究，而“为什么”的问题则是从右到左来进行研究。例如，在研究传递声音这个功能时我们会问怎么“传递声音”和回答可以采用“传输信号”的方式，如图 3-6 所示。

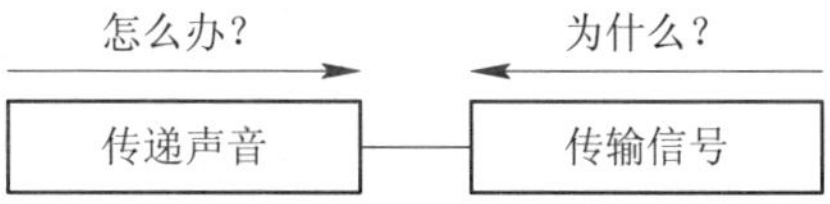

图 3-6　最初 FAST 图

如果继续沿着“怎么办”的方向问怎么传输信号的问题，可以得到答案为“输入数据”，如图 3-7 所示。

图 3-7　过程 FAST 图

继续沿着反方向来问为什么要“输入数据”，回答为了“传输信号”。问为什么要“传输信号”，回答为了“传递声音”。如果团队成员对答案表示同意，将从“为什么”的方向和“怎么办”的方向继续扩展 FAST 模型。从“为什么”的方向，可以继续问为什么要“传递声音”，回答为了“交流语言”。问为什么要“交流语言”，回答为了“沟通想法”。从“怎么办”的方向可以问怎么才能“输入数据”，回答“操作键盘”。通过检查功能输入，形成最终 FAST 图如图 3-8 所示。

图 3-8　最终 FAST 图

2. FAST 图制作的基本法则

(1) FAST 方法是详细研讨 VE 对象以便解决复杂问题的基本方法，一般采用以下 3 个形式的问答方式：

① 问题是什么？(WHAT? 明确功能定义)。

② 为什么？(WHY? 明确上位因果功能)。

③ 怎么办？(HOW? 明确下位因果功能)。

(2) 图 3-9 给出了 FAST 图制作的基本法则：

① 若一项并列功能在 VE 对象的整个范畴始终都必须考虑在内时，比如说品位功能，则应将该功能卡片摆在 FAST 图的最右上方，并以虚线框之。

② 对于整个或某一个系统范畴界限内的一些特别的功能限制要求，应将其写入虚线方框内，摆放 FAST 图中的最左上方。

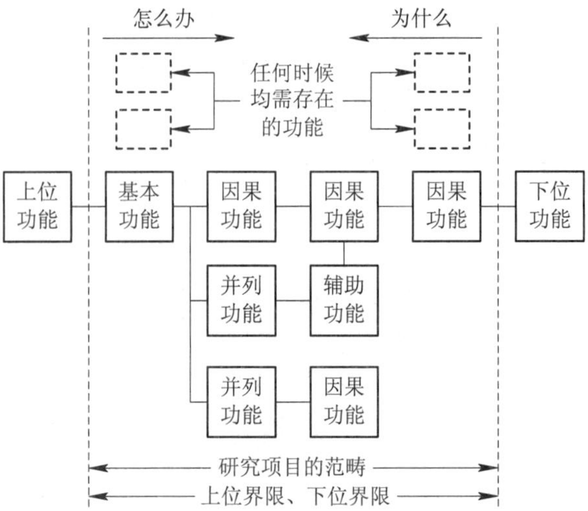

图 3-9　系统化功能分析技术(FAST)图制作的基本法则

(3) 在 FAST 图制作过程中，必须注意以下几个问题：

① 制作 FAST 图时，要准备一张大的纸张，首先标出所研讨 VE 对象的整体范畴界限。在明确界定了 VE 活动的范畴后，进一步的功能卡片摆放就有了基本的相对坐标。

② 对某一功能领域中的各个功能卡片的摆放顺序，原则上依据“为什么(WHY)”和“怎么办(HOW)”的逻辑关系，以及各功能所对应的事件发生的客观先后顺序这两项标准。如图 3-8 所示，由右方沿着“为什么(WHY)”的箭头顺次指向左方，越接近左方者，客观上发生的时间顺序越晚。如果某个功能卡片确实属于某个功能领域，而在做 FAST 图时又无

合适的位置可以摆放，一般有两原因，一是该项功能定义不恰当，即“为什么(WHAT)”有待重新审定；二是该功能领域中各项功能图中所标识的顺序与客观实际的发生时间顺序不符。

③ 当某一个功能卡片与已摆放的卡片之间既无时间先后次序，又无因果相关关系时，该功能可能是不必要功能，也可能是某一项或几项功能的并列功能。如果确实是不必要功能，就应剔除；如果是功能并列关系，则应把相互并列的全部功能摆放在同一垂直方位上，并沿着每一个并列功能寻找并完成它们所构成的功能领域。

④ 在研究和审定 FAST 图中各功能间的“目的-手段”关系或各功能卡片间的相互水平位置或垂直位置关系是否准确无误时，可采用这种行之有效的提问方式“如果某一目的功能，比如说 F1 不必要了，那么其手段功能 F11 是否还有必要呢”。当回答“必要”时，则说明 F1 和 F11 之间的因果关系是不准确的，应重新采用“WHY”和“HOW”询问方式加以核定，必要时应采用“WHAT”询问方式对功能定义进行重新审定。

(4) 一般在对功能定义进行重新审定时，可采取“功能定义检查询问”方式进行。这些提问主要是：

① 功能定义有无遗漏？是否还有无法下定义的功能？

② 功能的表达和理解是否一致，有无本质上的重复？

③ 是否有靠推测来下定义的情形？是否有明显的限定功能实现方式的定义？

④ 功能表达能做到定量化吗？是否最为简明扼要？

⑤ 是否理解了各个功能对研讨对象整体的重要性？对必要功能界定是否明确？

⑥ 是否把已下了定义的功能区分为使用功能和其他功能？

⑦ 是否把已下了定义的功能区分为基本功能和辅助功能？

⑧ 功能领域是否明确清楚？

⑨ 有没有受到已下了定义功能的束缚而勉强同其他功能相连的？

⑩ 是否考虑过如果取消该功能将会如何？

3. 水平方向的功能

水平方向安排的功能，除了必须依据上述的“为什么”以及“怎么办”两个问题进行之外，还有一点特别值得注意，即必须确定符合各项事件发生的先后顺序。以水平轴为基准，事件的右方为比该事件较早发生者，左方则为较晚发生者。因此，沿图右方循“为什么”的箭头指向左方，越接近左方者，发生的顺序越晚。由于每个已知功能，都应该能安排在 FAST 图中，如果经过时间先后的考量之后，仍不合理，可能有两个原因：第一，该项功能实际上并不属于水平方向，而属于垂直方向。比方说，当提问“如何除掉污染物？”这个问题时，答案可能有好多。但只有一个答案可以放置在问题的水平方向上，如果将全部的解答放置在水平方向上的话，FAST 的时序就会受到明显破坏。因此，只有将剩余的同义解答，往垂直方向上放置。如何判断安排在水平方向上的功能都为正确的呢？必须确定在水平方向上的所有功能，彼此之间是一系列连续的因果关系；必须经过“怎么办”以及“为什么”这两个问题的层层询问。

针对一项功能询问“怎么办”时，其答案应该摆在该功能的紧邻右方。当其右方方块内的叙述内容不能回答“怎么办”时，则该方块内的功能内容要么是叙述不恰当，要么就是摆错位置。

针对一项功能询问“为什么”时，其答案理应摆在该功能的紧邻左方。因此当其左侧方块内的叙述内容不能回答“为什么”时，则该方块内的功能内容要么是叙述不恰当，要么就是摆错位置。

4. 垂直方向的功能

当一项功能无法与一特定功能之间有时间先后、因果相循的关系，而又必须摆在FAST图内时，通常将它放在特定功能的正下方，也有放在上方的情形，但是较少见。这些功能基本上是与该项特定功能同时发生的，或者是在研析范围内始终均须存在的，我们称这样的功能为辅助功能。辅助功能可能是一些必需的次要功能，或是审美功能，或是一些不重要的附属功能。在摆放辅助功能时，有几个原则必须遵守：第一，如果一项功能与一特定功能同时发生，而且并非在整个的研析范围内永久存在时，应将其放在该特定功能的正下方；第二，如果一项功能在整个研析范围内必须永久存在时，譬如审美价值，则将其摆在FAST图的最右上方；第三，制作FAST图时，如果有必须随时记住的特别设计目标，则将它们写入虚线方块内，摆在图中主要功能的正下方，即在FAST图的左上方。

5. FAST图解法的优点

功能系统化是价值工程功能分析的一个必要过程。总结上述FAST图解法的优点，也就是功能系统化过程的必要性，概括起来，主要有以下三个方面：

(1) 把握必要功能，发现不必要功能。FAST图中越靠近目的界限功能的必要功能，在整个功能系统中的相对重要性就越高。而FAST图应用的核心要点就是紧紧抓住功能系统中各功能间的“目的-手段”关系，明确包括全部必要功能在内的整个功能系统中各功能的位置，并发现没有目的的功能。对于那些没有目的的功能，如果不是在功能整理时把其目的功能遗漏了，就是不必要功能。事实上，仅靠功能定义和一般分析是很难发现不必要功能的。

(2) 有效消除手段功能错位现象。由于在功能整理中，“目的-手段”关系具有传递性，例如甲是乙的手段功能，乙又是丙的手段功能，则甲也是丙的手段功能。因此经常可能出现不同级别的手段功能被并列成同一级别手段功能的现象，我们称之为手段功能错位现象。在应用FAST图时，可以通过以下方法有效克服这种现象，即在审定“目的-手段”关系时，对某一功能而言，若其第一层级的若干个并列手段功能互相独立，则可认为不存在错位现象；反之，当两个第一层级手段功能间存在“目的-手段”关系时，则需将两者中相对而言是“手段”功能者降为第二层级。同样，对第二层级的诸多功能，也需逐个考察，重复上述步骤，循环往复至最后一层级功能为止。

(3) 正确掌握功能领域。在VE对象的讨论中，一般是着手于对象的具有相互依存关系的功能群，而不是对象各组成部分的各自功能领域。

3.4.4 价值衡量标准

价值衡量标准是评选设计方案的步骤及评选方法的依据。

1. 价值衡量标准的概念

价值衡量标准以第 2 章价值的公式为基础，对价值改进进行衡量。价值衡量标准建立了一种衡量手段，用来衡量与价值改进相关的有关项目的成本和性能状况。

正如本章前面所讨论的那样，成本的定量研究是相对比较简单的，但对性能的定量就没那么容易，原因在于：

(1) 不同的产品、过程、设备的性能是不同的。

(2) 性能在本质上通常是主观的。

(3) 性能标准通常在超出计划安排的项目中是不存在的。

价值衡量标准为性能的识别、定义、评价以及衡量提供了一个标准。一旦达到标准，并且确定全部价值替代方案的成本，衡量价值就相对简单了。

价值衡量标准是对传统计划工作方法学的概念与技术的一个补充体系。开展价值衡量对于价值研究的实施虽不是完全必要的，但却非常有价值，因为在实施价值衡量标准的过程中将得到明显收益。价值衡量可以通过以下方式来促进价值研究：

(1) 在项目利益相关者(特别是那些持有抵触意见的)中达成共识。

(2) 对项目目的和对象形成更好的理解，因为它们直接关系到需求情况。

(3) 对于项目如何满足性能目标与对象形成一个基准理解。

(4) 通过价值工程程序确认可以改进项目性能的领域。

(5) 对于决定价值性能和成本的关系形成一个更为深入的理解。

(6) 利用价值作为选择最佳项目或者设计方案的基础。

2. 价值衡量标准的实施过程

在前面所述问题的基础上，价值团队开始着手于价值分析阶段的核心工作是确定成本和性能与功能之间的关系。通过研究这三者之间的关系，价值团队就可能有机会找出功能与成本和性能之间所存在的不匹配关系。

价值衡量标准的实施过程分为以下三步：

(1) 建立成本-功能矩阵。

在分析成本、功能之间的关系前，应先把 FAST 图画出来。价值团队可以通过 FAST 图找到功能确定阶段可能忽略或遗漏的功能。完成 FAST 图并确定所有功能之后，价值团队可以使用简单的成本-功能矩阵来研究成本和功能之间的关系。表 3-8 给出了一个成本-功能矩阵的例子。

表 3-8　成本-功能矩阵示例

品目	制造冷气	输送冷媒	加压冷媒	产生冷媒	净化空气	减湿空气	排放热量
冷水离心机组				1092			
热锅炉				90			
冷却塔							200
冷、热水循环泵			264				
冷、热机机房				450			
相关管道		66					

续表

品目	制造冷气	输送冷媒	加压冷媒	产生冷媒	净化空气	减湿空气	排放热量
电力增容				235			
空调机组	333				71	71	
风机盘管	114						
燃气调压站				200			
软水化设施				16			
压力水箱				2			
膨胀水箱等设施				30			

注：以上数据单位均为万元。

矩阵的第一行列出了所有的功能，第一列是相关的成本情况。价值团队首先要把成本从功能中分解出来，根据现有的项目成本信息(如建设成本估算、材料清单或者人工/时间)估算成本；然后确定影响功能的各个项目因素；接下来需要估算每一项成本与各个功能之间的关系，估算的结果应当尽量精确；最后要把每一列的成本加总，得到每一个功能的成本。一般情况下，三四个功能的成本将占到总成本的60%～80%。

(2) 建立性能-功能矩阵。

性能-功能矩阵用来研究功能之间的关系以及它们对于项目性能的贡献，可以用百分比的方式来表示。价值团队开在研究功能与性能之间的关系时，可直接把相关数据标注在性能-功能矩阵中，表3-9给出了一个性能-功能矩阵的例子。

表 3-9　性能-功能矩阵示例

性能属性	制造冷气	输送冷媒	加压冷媒	产生冷媒	净化空气	减湿空气	排放热量	总计
能耗性	10%	10%	10%	70%				100%
环保性	10%			10%			80%	100%
室内空气质量					70%	30%		100%
舒适度	50%					50%		100%

从以上两个步骤中可以看出，产生冷媒、净化空气、减湿空气及排放热量功能是对能耗性、室内空气质量、舒适度、环保性性能的主要贡献，而且在基准方案中产生冷媒功能占所有功能的65%。目前，排放热量的环保性更是研究的重点。产生冷媒及排放热量主要是冷水离心机组及冷却塔等中央空调外机产生的功能。因此价值团队主要将冷水离心机组、冷却塔等设备作为分析重点。

(3) 建立价值矩阵，进行价值大小的比选。

根据前面两步，价值团队得出主要将冷水机组、冷却塔等中央空调外机设备作为分析重点，开发出另一价值替代方案。替代方案及基准方案的价值比选是以价值矩阵为载体的。表3-10给出了一个价值矩阵的例子。

表 3-10　价值矩阵示例

(a)

价值矩阵——空调系统

属性	属性比重/%	方案	性能等级										性能总量
			1	2	3	4	5	6	7	8	9	10	
能耗性	35	基准方案					5						175
		替代方案								8			280
环保性	35	基准方案					5						175
										8			280
室内空气质量	15	基准方案					5						75
							5						75
舒适度	15	基准方案					5						75
							5						75

(b)

方案	性能总量	性能改进/%	全生命周期成本/百万元	价值指数	价值改进/%
基准方案	500		264.28	1.89	
替代方案	710	42%	206.97	3.43	81%

3.5　基于价值工程的房地产开发项目设计管理实务

3.5.1　项目基本情况

某商业地产要打造一个超 5A 甲级高品质智能节能写字楼项目。该商业项目分为 A、B、C、D 四栋，具体信息见表 3-11。

表 3-11　某商业项目基本信息

某商业项目		A 栋	B 栋	C 栋	D 栋
地上建筑/m^2	公共大堂	257	248	262	613
	商业	1105	713	1118	614
	标准层	1952	1800	1998	1900
	合计	54 860	36 393	31 874	34 198
最高建筑高度/m		133	143	91	98
楼层高度标准层/m		3.9	5.8	3.9	3.9
整层使用率		≥75%	≥72%	≥75%	≥73%

建筑设计由建筑专业、结构工程专业、暖通专业、电气专业及给排水专业的设计师共同合作设计完成。因此要提高建筑设计的价值，可通过共同合作来提高各大系统(包括结构、暖通、电气、给排水等)的价值。下面以空调系统为例进行说明。

该商业项目中央空调系统的设计数据一览表见表 3-12。

表 3-12　中央空调系统的设计数据

名称	项　　目		
	楼栋面积/m^2	设计冷负荷/kW	设计热负荷/kW
A 栋塔楼	52 211	8254	4981
B 栋塔楼	32 138	7474	4200
AB 栋商业区	3944	800	500
C 栋塔楼	35 383	6226	3257
D 栋塔楼	34 158	7151	3952
CD 栋商业	10 969	2000	1100

注：上述冷负荷、热负荷按设计值计算。

① AB 栋冷负荷小计 16 528 kW，热负荷小计 9681 kW。

② CD 栋冷负荷小计 15 377 kW，热负荷小计 8309 kW。

③ 金融中心 ABCD 栋冷负荷总计 31 905 kW，热负荷总计 17 990 kW。

3.5.2　设计方案评选

1. 基准方案

该商业项目采用常规的冷冻机供冷、锅炉供热，其空调设备情况如表 3-13 和表 3-14 所示。

(1) 中央空调系统设备情况。

AB 栋空调系统的主要设备如表 3-13 所示。

表 3-13　AB 栋空调系统的主要设备

序号	设备名称	品牌	参　数	单位	数量	备注
1	冷水离心机组	麦克维尔	总冷量为 14 095 400 大卡、17 600 kW、4600 冷吨	台	3	
2	冷水螺杆机组	麦克维尔	冷量为 352 600 大卡、440 kW、150 冷吨	台	1	
3	冷冻机房面积扩大			m^2	150	
4	电力增容		预计需电力增容 2200 kW 左右	kW	2200	已考虑供热的因素
5	冷却塔		配置 9 个 500 立方米冷却塔、1 个 200 立方米冷却塔	个	10	
6	冷却水循环泵及相关管道等			台	10	

续表

序号	设备名称	品牌	参　数	单位	数量	备注
7	燃气锅炉		热负荷 10 000 kW，选择 5 台 1 500 000 大卡的燃气锅炉	个	5	
8	锅炉房			m^2	300	
9	软化水设施			套	1	
10	燃气调压站(次中压)及相关设备			套	1	
11	空调机组			个	28	
12	空调热水循环泵			台	10	
13	风机盘管			个	71	
14	压力水箱		9 m^3	个	1	
15	膨胀水箱间等设施			m^2	30	

注：空调热水系统板式换热器抵充现在配置的板式换热器，未重复计算。

CD 栋空调系统的主要设备如表 3-14 所示。

表 3-14　CD 栋空调系统主要设备

序号	设备名称	品牌	参　数	单位	数量	备注
1	冷水离心机组	麦克维尔	总冷量 12 055 480 大卡、15 000 kW、4000 冷吨	台	3	
2	冷冻机房面积扩大			m^2	150	
3	电力增容		预计需电力增容 2000 kW 左右	kW	2000	已考虑供热的因素
4	冷却塔		配置 9 个 400 立方米冷却塔	个	9	
5	冷却水循环泵及相关管道等			台	9	
6	燃气锅炉		热负荷 8500 kW，选择 4 台 1 500 000 大卡燃气锅炉	个	4	
7	锅炉房			m^2	300	
8	软化水设施			套	1	
9	燃气调压站(次中压)及相关设备			套	1	
10	空调热水循环泵			台	4	
11	空调机组			台	28	
12	压力水箱		9 m^3	个		
13	风级盘管			个	71	
14	膨胀水箱间等设施			m^2	30	

注：空调热水系统板式换热器抵充现在配置的板式换热器，未重复计算。

(2) 采用冷冻机供冷、锅炉供热设备配置的空调系统的差额和成本分析，见表 3-15 及表 3-16。

AB 栋空调系统主要设备价格如表 3-15 所示。

表 3-15　AB 栋空调系统主要设备价格

序号	名称	品牌	参数	单位	数量	单价/万元	金额/万元	备注
1	冷水离心机组	麦克维尔	总冷量 14 095 400 大卡、17 600 kW、4600 冷吨	台	3	200	600	
2	冷水螺杆机组	麦克维尔	冷量 352 600 大卡、440 kW、150 冷吨	台	1	12	12	
3	冷冻机房面积扩大			m^2	150	0.5	75	按 0.5 万元/m^2
4	电力增容		预计需电力增容 2500 kW 左右	kW	2500	0.05	125	按 500 元/kW，含设备成本
5	冷却塔		配置 9 个 500 立方米冷却塔、1 个 200 立方米冷却塔	个	10	11	110	
6	冷却水循环泵及相关管道等			台	10	10	100	按 10 万元/台估算
7	燃气锅炉		热负荷 10 000 kW，选择 5 台 1 500 000 大卡燃气锅炉	个	5	10	50	
8	锅炉房			m^2	300	0.5	150	按 0.5 万元/ m^2
9	软化水设施			套	1	8	8	
10	燃气调压站(次中压)及相关设备			套	1	100	100	
11	空调热水循环泵			台	10	10	100	按 10 万元/台估算
12	空调机组			台	28	8.5	238	
13	压力水箱		9 m^3	个	1	1	1	
14	风机盘管			个	71	0.8	57	
15	膨胀水箱间等设施			m^2	30	0.5	15	按 0.5 万元/ m^2
14	合　计						1740	

CD 栋空调系统主要设备价格如表 3-16 所示。

表 3-16　CD 栋空调系统主要设备价格

序号	名称	品牌	参数	单位	数量	单价/万元	金额/万元	备注
1	水冷离心机组	麦克维尔	总冷量 12 055 480 大卡、15 000 kW、4000 冷吨	台	3	160	480	
2	冷冻机房面积扩大			m^2	150	0.5	75	按 0.5 万元/m^2
3	电力增容		预计需电力增容 2200 kW 左右	kW	2200	0.05	110	按 500 元/kW，含设备成本
4	冷却塔		配置 9 个 400 立方米冷却塔	个	9	10	90	
5	冷却水循环泵及相关管道等			台	9	10	90	按 9 万元/台估算
6	燃气锅炉		热负荷 8500 kW，选择 4 台 1 500 000 大卡燃气锅炉	个	4	10	40	
7	锅炉房			m^2	300	0.5	150	按 0.5 万元/m^2
8	软化水设施			套	1	8	8	
9	燃气调压站(次中压)及相关设备			套	1	100	100	
10	空调热水循环泵			台	4	10	40	按 7 万元/台估算
11	空调机组			台	28	8.5	238	
12	压力水箱		9 m^3	个	1	1	1	
13	风机盘管			个	71	0.8	57	
14	膨胀水箱间等设施			m^2	30	0.5	15	按 0.5 万元/m^2
15	合　计						1494	

2. 价值管理目标

价值管理研究是在设计过程的方案设计阶段进行的，价值管理的目标是正确处理功能与成本的对立统一关系，这才是控制成本的最优途径。因此，在实际工作中，既要反对片面强调节约，忽视功能、技术上的合理要求，导致项目不能满足功能需求；又要反对重视技术，轻视成本、设计保守浪费的现象。运用价值工程的原理来进行设计方案分析与优化，以提高价值为目标，以功能分析为核心，以经济效益为出发点，并确定有无替代方案可以提高价值。

3. 性能属性

在设计阶段，可确定以下四个性能属性：

(1) 能耗性。能耗是我国目前面临的最严峻的问题之一，而建筑能耗在所有能耗中占有很大比例，其中又以空调能耗为主。据发达国家统计，空调能耗占建筑能耗的65%，以建筑能耗占总能耗的35%计算，空调能耗占所有能耗的比例高达22.5%。而空调系统中的动力系统、维护结构和输送机械是消耗能源的主要部分，因此，这三个子系统能源利用率的改善将对整个社会的能源节约起到积极的促进作用。

(2) 环保性。环保目前已经上升为一个全球性问题，是人们应该重点关注的对象。在空调系统中，制冷剂和燃料的形式，排风方式和消音减震的形式，都对环保有着重要影响，例如大气臭氧层遭到破坏的一个主要原因就是制冷剂氟利昂的使用。在常规空调系统中，冷冻水系统、通风系统及其他循环系统都会受到不同程度的污染，如飘水、噪音、滋生细菌、向空气散热造成区域中的局部高温等问题。

(3) 室内空气质量。室内空气质量(IAQ)主要由室内空气的温度、湿度、空气流速、新鲜度以及污染物的含量(清洁度)等指标反映。通常采用客观评价和主观评价相结合的方法评价室内空气的品质。客观评价是以数据为依据，即用相关测量仪器测量室内空气污染物的含量；而主观评价则带有主观色彩，是室内人员对空气质量的主观感觉。随着人们越来越重视室内空气质量，对室内空气品质的评价方法也日趋完善。

(4) 舒适度。舒适度是衡量室内热环境舒适与否的一个重要指标，与人们的身心健康息息相关。

基准方案的性能属性评估对比见表3-17。

表3-17　基准方案的性能属性评估对比

性能属性	基准方案的性能属性评估
能耗性	基准方案使用了冷水离心机组及燃气锅炉等高耗电设备，因此能耗性较大
环保性	基准方案使用了冷却塔等设备，解决了向外界排放废热、废气、飘水、噪音、滋生细菌、使用的燃气锅炉造成烟囱和烟尘排放等问题
室内空气质量	基准方案的室内空气的温度、湿度、空气流速、新鲜度的调节都能保证达到要求，提供了一个令人满意的功能水平
舒适度	基准方案能满足室内人员舒适度的要求

由于所选属性范围大且大多指标为定性属性，因此应用标准相对等级方法对基准方案的四个性能属性与未来替代方案进行比较，见表3-18。

表3-18　性能属性等级表

等级	含　义	等级	含　义
10	替代方案绝对占优	4	基准方案稍微占优
9	替代方案非常明显占优	3	基准方案一般占优
8	替代方案明显占优	2	基准方案明显占优
7	替代方案一般占优	1	基准方案非常明显占优
6	替代方案稍微占优	0	基准方案绝对占优
5	替代方案和基准方案相同		

4. 性能属性的相对重要性

采用应用等级成对对比法来确定四个性能属性在满足客户需求方面的相对重要性时，用每个性能属性得分除以总分，得出相对属性权重，如图 3-10 所示。

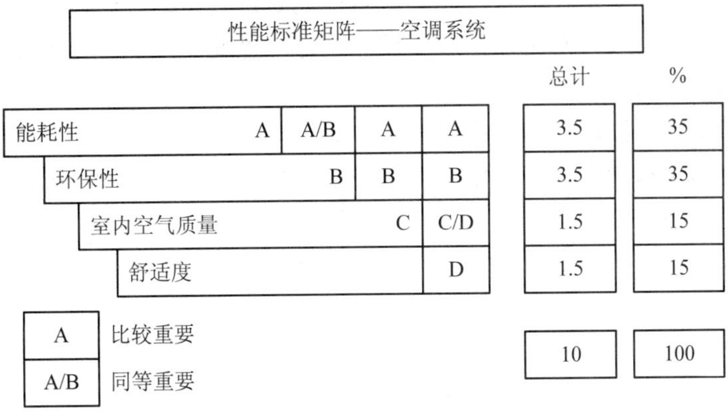

图 3-10　性能标准矩阵

5. 基准方案的价值

利用收集到的性能和成本数据可得到价值矩阵。价值矩阵用空调系统的全生命周期成本作为成本一方，如表 3-19 所示。

表 3-19　价值矩阵

(a)

价值矩阵——空调系统

属性	属性比重	方案	性能等级 1	2	3	4	5	6	7	8	9	10	性能总量
能耗性	35	基准方案					5						175
环保性	35	基准方案					5						175
室内空气质量	15	基准方案					5						75
舒适度	15	基准方案					5						75

(b)

方案	性能总量	性能改进/%	全生命周期成本/百万元	价值指数	价值改进/%
基准方案	500		110.65	4.52	
替代方案					

6. 功能分析

本案例属于能够使用价值工程的设计项目，因为该空调系统初始投资至少 3 千多万，全生命周期成本有 2 个多亿，属于投资大的项目；在商业项目中一般都会安装空调系统，属于重复生产的产品项目，在这种情况下，对该建筑进行价值工程研究活动，可以取得较大的效益，同时对类似项目都有效，产生规模效益。因此本案例一定要成立价值工程组织来完成价值工程研究活动。

为保证价值工程研究活动的效率和效果，参与人数为七人，因为在规模小的团队中，更容易激发建立团队精神和合作关系，而这种团队精神正是保持每个人的热情，保持团队创造力和工作效率的关键因素。这七人分别是外部专家、设计总监、项目经理、暖通工程师、物业管理人员、用户代表及造价工程师。本案例聘请价值工程专家负责组织此次价值工程活动。

本案例中利用冷气为上位功能，制造冷气、输送冷媒、产生冷媒、排放热量为基本功能，减湿空气、加压冷媒、净化空气为辅助功能，消耗能量为下位功能。

价值团队的核心工作是确定成本和性能与功能之间的关系。通过研究这三者之间的关系，就有可能找出功能与成本和性能之间所存在的不匹配关系。价值团队可以使用简单的成本-功能矩阵来研究成本和功能之间的关系，如表 3-20 所示。

表 3-20　成本-功能矩阵

品目	制造冷气	输送冷媒	加压冷媒	产生冷媒	净化空气	减湿空气	排放热量
冷水离心机组				1092			
热锅炉				90			
冷却塔							200
冷、热水循环泵			264				
冷、热机机房				450			
相关管道		66					
电力增容				235			
空调机组	333				71	71	
风机盘管	114						
燃气调压站				200			
软化水设施				16			
压力水箱				2			
膨胀水箱等设施				30			
占总成本的百分比/%	14	2.2	8	65	2.3	2.3	6

注：以上数据单位均为万元。

完成了成本-功能矩阵之后，每项成本就可以直接在 FAST 图上标出来。成本-功能矩阵得到进一步扩展后，价值团队就开始研究功能与性能之间的关系。性能-功能矩阵用来研究功能之间的关系以及它们对于项目性能的贡献，可以用百分比的方式表示，然后直接把相关数据标注在性能-功能矩阵中，如表 3-21 所示。

表 3-21　性能-功能矩阵

性能属性	制造冷气	输送冷媒	加压冷媒	产生冷媒	净化空气	减湿空气	排放热量	总计
能耗性	10%	10%	10%	70%				100%
环保性	10%			10%			80%	100%
室内空气质量					70%	30%		100%
舒适度	50%					50%		100%

由此可以进行功能分析，并进一步绘制空调系统的 FAST 图，如图 3-11 所示。从图 3-11 中可以看出空调系统实施关键的功能关系。这个分析有利于了解整个项目，以及问题、成本和功能需求之间是什么关系。

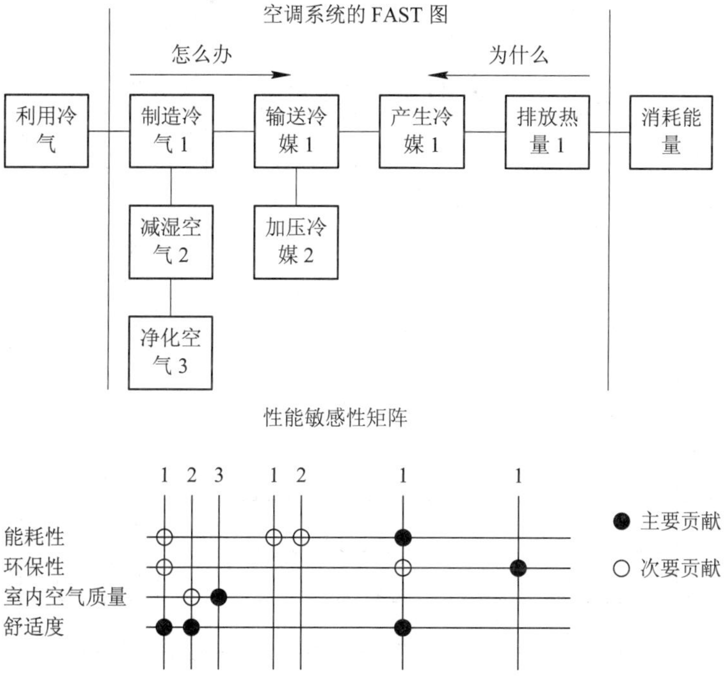

图 3-11　FAST 图及性能敏感性矩阵

FAST 图表明制造冷气、输送冷媒、产生冷媒及排放热量是基本功能。这四个功能都直接与空调系统相关。产生冷媒、净化空气、减湿空气及排放热量功能是对能耗性、环保性、室内空气质量及舒适度性能的主要贡献，而且在基准方案中产生冷媒功能将近占所有功能的 65%，目前，排放热量的环保性是研究的重点。产生冷媒及排放热量主要是冷水机组、热锅炉及冷却塔产生的功能。因此价值团队主要将冷水机组、热锅炉、冷却塔等设备作为重点进行分析。

7. 价值替代方案

要对冷水机组、热锅炉、冷却塔设备重点分析，价值团队开发了一个方案，使用江水源代替冷水机组、热锅炉、冷却塔设备，即用江水源热泵空调系统代替常规的基准方案。

水源热泵机组的工作原理就是在夏季将建筑物中的热量转移到水源中，由于水源温度低，所以可以高效带走热量，而冬季则从水源中获取热量，通过热泵原理以空气或水作制冷剂提升温度后送到建筑物中。水源热泵根据对水源利用方式的不同，分为闭式系统和开式系统两种。闭式系统是指在水侧为一组闭式循环的换热盘管，该组盘管一般水平或垂直埋于地表水中，通过与地表水进行热交换来实现能量转移；开式系统是指从地下或地表中直接抽水经过换热器交换热量后再直接排放回去的系统。水源热泵无论是在制热还是制冷过程中，均以水为热源和冷却介质，用切换工作回路来实现制热和制冷的运行。夏季供冷方案采用电制冷+江水源热泵+冰蓄冷的形式，冬季供热方案采用江水源热泵的形式。夏季供冷冷水温度为 8:00—23:00，供水 3.5℃/回水 13℃，23:00—次日 8:00，供水 5.5℃/回水 13℃；冬季供热热水温度为供水 42℃/回水 35℃。

采用江水源作为冷源的设备情况及成本分析：空调冷热源均由来自区域江水源集中冷站提供的两管制冷热水，因此需付出成本为 4 千万元。该商业项目空调系统的设备及成本分析见表 3-22。

表 3-22　ABCD 栋内主要设备和成本分析

序号	设备名称	规格型号	参数	单位	数量	单价/万元	金额/万元	备注
1	西门子变频电动机	3-mot/LG0280-4AA7.0-2		台	4	2.75	11	
2	Willo 循环泵	NLG200/315-75/4		台	4	5.5	22	
3	安培威换热器	J107MGS-16/5		台	4	13	52	
4	集水器	JSQ-900		个	1	1	1	
5	分水器	T_SQ-900		个	1	1	1	
6	空调机组	同常规空调一样		台	28	8.5	238	
7	风机盘管	同常规空调一样		个	71	0.8	57	
8	合　计						382	

替代方案使用江水源热泵，利用地表水作为热泵机组的冷却介质，对水质没有影响，只是将热量带入江中，可以避免常规空调使用冷却塔造成的飘水、噪音、滋生细菌等问题。另外，由于冬季供暖也可以由水源热泵提供，避免了在该区域设置大量锅炉房，消除了烟尘排放。江水源热泵将空调排热利用江水带走，可以避免常规空调系统冷却塔向空气散热造成区域中的局部高温，从整体上降低了城市的“热岛”效应，具有较好的环保效益。江水源热泵提取的江水是自然能源，属于可再生能源，对缓解能源短缺危机和节约能源使用费用效果显著。替代方案初始成本约增加 1529 万元，全生命周期成本节约 5731 万元，性能改进 42%。这些收益可以折合为净项目价值改进的 81%，如表 3-23 所示。

表 3-23　价值矩阵

(a)

价值矩阵——空调系统

属性	属性比重	方案	性能等级										性能总量
			1	2	3	4	5	6	7	8	9	10	
能耗性	35	基准方案					5						175
		替代方案								8			280
环保性	35	基准方案					5						175
										8			280
室内空气质量	15	基准方案					5						75
							5						75
舒适度	15	基准方案					5						75
							5						75

(b)

方案	性能总量	性能改进/%	全生命周期成本/百万元	价值指数	价值改进/%
基准方案	500		264.28	1.89	
替代方案	710	42%	206.97	3.43	81%

3.5.3　结论

一般房地产开发设计阶段考虑的均是一次性投入成本，对公共项目建成后的使用费、维护费、项目期满后的报废拆除费考虑较少，这样就可能出现限额设计的效果较好，但项目全生命周期内的成本不一定很经济，技术和经济的结合不够紧密等现象。针对目前房地产开发设计阶段中存在的这些问题以及设计阶段在整个项目全生命周期内的重要性，我们提出价值工程理论的解决方法，运用全生命周期成本模型及系统化功能分析技术，以定量与定性的方式来评价设计方案。

价值工程作为技术和经济相结合的方法，在房地产开发设计阶段中应用价值工程的全生命周期成本和系统功能分析技术，通过一系列实证进行研究后，得到了以下结论：

(1) 把全生命周期成本模型应用到价值工程理论中更全面和准确。我国在应用价值工程方法时，成本分析很多时候应用的是初始投资成本。这是不正确的，因为初始投资成本只能反应项目的建设期的成本而不是项目全生命期的成本，建设期价值最大并不能代表项目全生命周期价值最大。因此，在应用价值工程方法中使用全生命周期成本更具有全面性和准确性。

(2) 引入系统化功能分析技术分析功能，可以发现重点研究的功能及排除不必要功能。系统化功能分析技术是功能整理的一般方法，这种方法不仅能够分析复杂组合，还能使得分析过程简明有效，用逐层分析法来确定价值工程对象所需要的功能。在本章案例中，应用系统化功能分析技术后，发现基准方案的排放热量功能中使用的冷却塔会产生大量污染，因此产生污染就是不必要功能。

(3) 建立价值衡量标准的实施步骤。建立价值衡量标准的步骤如下：第一步，建立成本-功能矩阵，用来研究成本和功能之间的关系；第二步，建立性能-功能矩阵，用来研究功能之间的关系以及它们对于项目性能的贡献；第三步，建立价值矩阵，用来评选出价值大的设计方案。经过以上三个步骤，能选出更好的设计方案，该过程有较强的可操作性及严密性。

(4) 应用价值工程理论在房地产开发设计阶段能够带来巨大的经济和社会效益。在本章案例中应用价值工程方法后使项目全生命周期节约了 5700 万元，性能改进了 42%，价值改进了 81%，既降低了全生命周期成本又提高了性能，提高了项目价值，而且有较好的环保效应。

第 4 章　房地产开发项目施工管理研究

房地产开发项目的施工是房地产产品的实现阶段，在房地产开发周期中用时最长，是决定房地产项目成败的关键，因此，房地产项目的施工管理极为重要。做好施工管理的基础是通过 WBS 方法明确项目范围的管理，科学合理地安排施工进度计划，明确项目的成本计划、劳动力及资源计划，再根据项目的特点，做好专项施工方案及质量控制。

本章不仅重点介绍了房地产开发项目防水施工的构造做法，还介绍了将 BIM 技术应用在房地产开发项目中的相关情况，主要包括信息化模型的创建和建模技巧；最后将建设项目的范围、进度、成本及质量管理应用到一个真实房地产开发项目案例中。

4.1　项目范围管理

正确的范围界定是项目成功的关键，是进度、成本及质量管理的基础，项目范围、进度、成本及质量的关系如图 4-1 所示，范围变化了，项目的进度、成本及质量也就随之变化。例如，2016 年巴西里约奥运会场馆瘦身，范围减小，该项目相应的成本、进度及质量都进行了调整。

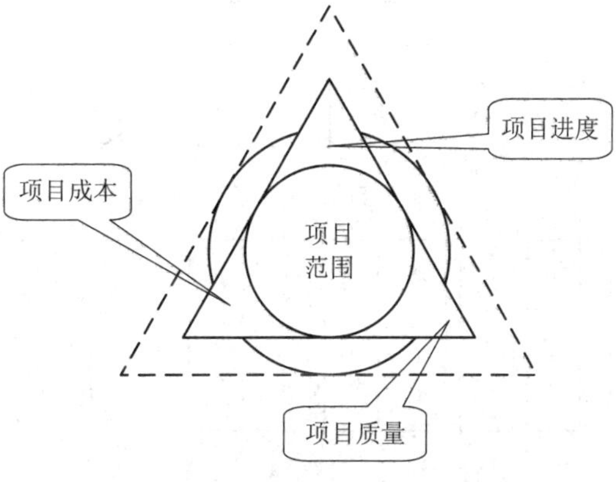

图 4-1　项目范围、进度、成本及质量的关系

4.1.1　项目范围及项目范围管理的概念

项目范围是指为了成功实现项目的目标，完成项目可交付成果而必须完成的工作。

工程项目范围确定的依据有以下几个：

(1) 项目目标的定义和批准的文件(项目建议书、调研报告)。

(2) 项目产品描述文件(规划文件、设计文件、相关规范、可交付成果清单)。

(3) 环境调查资料(法律法规、政府政策要求)。

(4) 项目的其他限制条件和制约因素(预算、资源、时间的限制)。

项目范围管理是指定义项目包括哪些活动(工作)，并通过控制与协调来确保成功完成项目，项目要包括并且仅包括所要求完成工作的过程。

工程项目结构分解是项目范围管理的方法，是指将项目范围所规定的全部工作分解为便于管理的独立活动的工作过程。分解所得结果被称为工作分解结构(Work Breakdown Structure，WBS)。工程项目结构分解的目的是防止遗忘或忽略必须的工作、项目功能不全、质量缺陷及实施过程中频繁的变更。这些问题都有可能导致项目失败，因此工程项目的结构分解至关重要。

4.1.2 工程项目结构分解的方法

工程项目结构分解是项目计划前的一项十分困难但十分重要的工作，目前尚没有统一认可的通用分解方法。常见的工程项目结构分解的方法是项目产出物分解法和实施过程分解法两种。

1. 项目产出物分解法

项目产出物分解法是按项目产出物和项目阶段可交付物逐层向下分解的方法，主要是将项目产出物(或者项目目标)逐层细分为更小、更易管理的子项目或项目要素，直到将项目产出物分解至非常详尽，并能够支持下一步的项目活动分析和定义工作为止，某高层建筑工程的项目产出物分解法示例如图 4-2 所示。

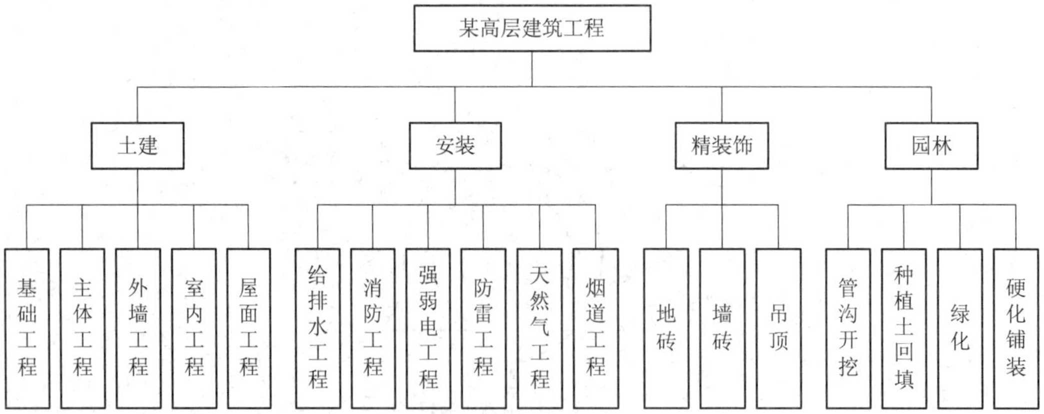

图 4-2 某高层建筑工程的项目产出物分解法示例

2. 实施过程分解法

实施过程分解法是指按照项目的实施过程进行分解的方法，某项目实施过程分解法示例如图 4-3 所示。

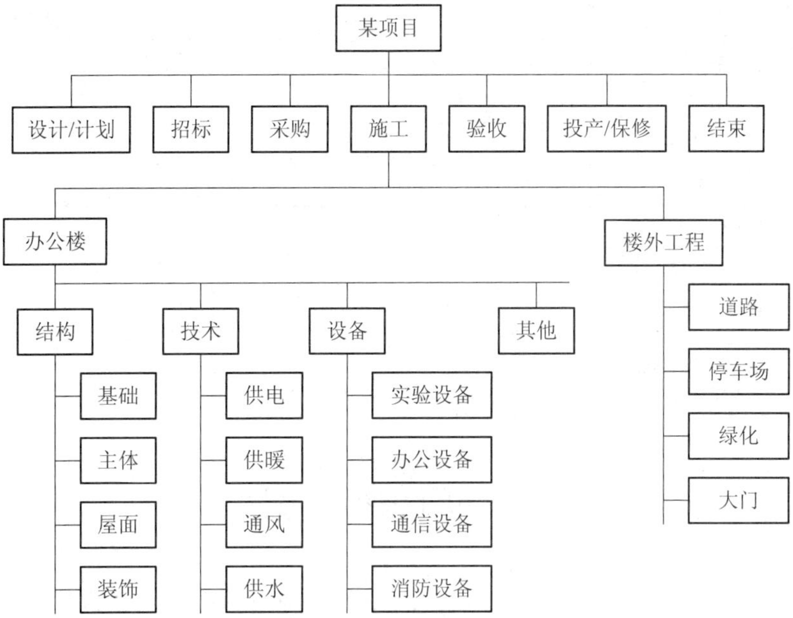

图 4-3　某项目实施过程分解法示例

工程项目实施过程分解法的结果的表现形式有树形结构图(见图 4-4)和项目结构分解表(见表 4-1)两种。

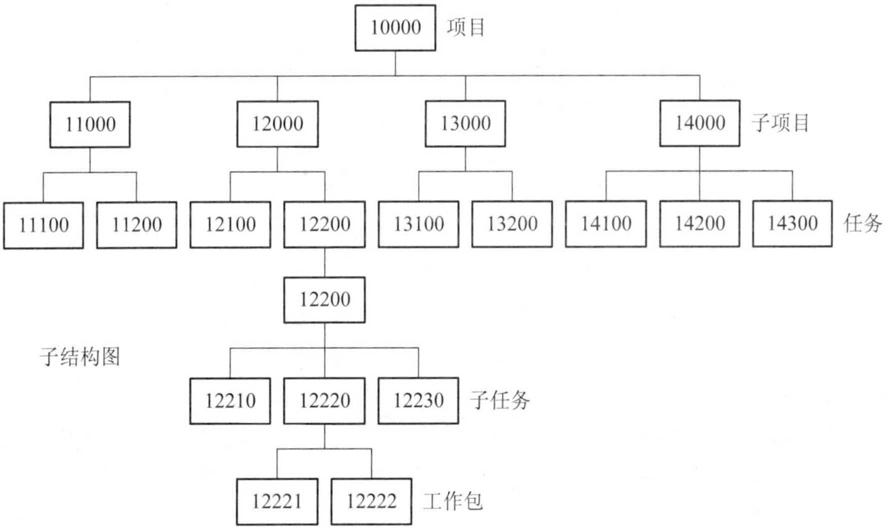

图 4-4　树形结构图

图 4-4 中的树形结构图可以用表 4-1 来表示。

表 4-1　项目结构分解表

编码	活动名称	负责人(单位)	计划工期	…
10000				
11000				
11100				
11200				

续表

编码	活动名称	负责人(单位)	计划工期	…
12000				
12100				
12200				
12210				
12220				
12221				
12222				
12230				

4.2 项目进度管理

项目进度管理的基本原理是进度计划系统、进度监测系统、进度调整系统，这三大系统的相互作用，项目进度管理基本原理示意图如图 4-5 所示。

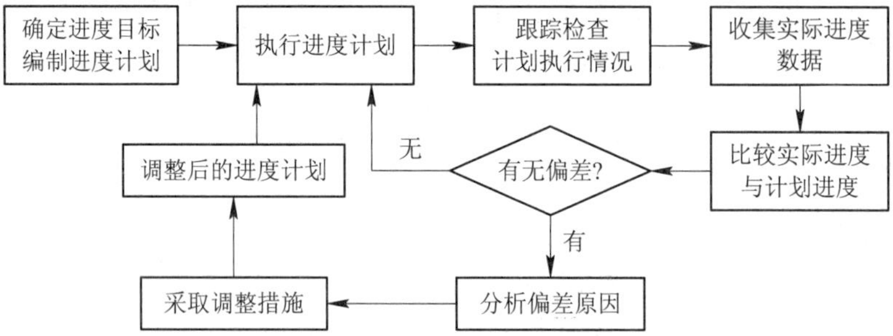

图 4-5 项目进度管理基本原理示意图

进度管理人员必须事先对影响工程项目进度的各种因素进行调查分析，预测它们对工程项目进度的影响程度，确定合理的进度控制目标，编制可行的进度计划，使工程建设工作始终按计划进行。在计划执行过程中不断检查工程项目的实际进展情况，并将实际状况与计划安排进行对比，从中得出偏离计划的信息；之后在分析进度偏差及其产生原因的基础上，通过采取组织、技术、合同和经济等措施对原进度计划进行调整或修正，再按新的进度计划实施。在进度计划的执行过程中不断地检查和调整，以保证工程项目进度得到有效管理。

1. 进度控制的概念

工程项目进度控制是指项目管理者围绕目标工期的要求编制计划、付诸实施，并在实施过程中不断检查计划的实际执行情况，分析产生进度偏差的原因，进行相应调整和修改。通过对影响进度的因素实施控制及协调各种关系，综合运用各种可行方法、措施，将项目的计划工期控制在事先确定的目标工期范围之内，在兼顾费用、质量控制目标的同时，努力缩短建设工期。参与工程项目建设活动的建设单位、设计单位、施工单位、工程监理单位均可构成工程项目进度控制的主体。

2. 影响进度的因素

影响工程项目进度的不利因素很多，常见的有如下几个方面：

(1) 业主因素：如业主使用要求改变而进行设计变更，不能及时提供施工场地条件或所提供的场地不能满足工程正常需要，不能及时向施工承包单位或材料供应商付款等。

(2) 勘察设计因素：如勘察资料不准确，设计内容不完善，设计对施工的可能性考虑不周，施工图纸供应不及时、不配套，或出现重大差错等。

(3) 施工技术因素：如施工工艺错误，施工方案不合理，施工安全措施不当等。

(4) 自然环境因素：如复杂的工程地质条件，洪水、地震、台风等不可抗力因素。

(5) 社会环境因素：如外单位干扰，市容整顿的限制，临时停水、停电等。

(6) 组织管理因素：如向有关部门提出的申请审批手续的延误，合同签订时遗漏条款的补充，计划安排不周密，组织协调不力，指挥失当，各个单位配合上发生矛盾等。

(7) 材料、设备因素：如材料、构配件、设备供应环节的差错，品种、规格、质量、数量、供货时间不能满足工程的需要，施工设备安装失误，设备故障等。

(8) 资金因素：如有关方资金不到位，资金短缺，汇率浮动和通货膨胀等。

3. 进度控制的主要任务

1) 设计准备阶段进度控制的任务

(1) 收集有关工期的信息，进行工期目标和进度控制决策。

(2) 编制工程项目建设总进度计划。

(3) 编制设计准备阶段详细工作计划，并控制其执行。

(4) 进行环境和施工现场条件的调查和分析。

2) 设计阶段进度控制的任务

(1) 编制设计阶段工作计划，并控制其执行。

(2) 编制详细的出图计划，并控制其执行。

3) 施工阶段进度控制的任务

(1) 编制施工总进度计划，并控制其执行。

(2) 编制单位工程施工进度计划，并控制其执行。

(3) 编制工程年、季度、月实施计划，并控制其执行。

4. 进度控制的措施

进度控制的目的就是通过控制措施以实现项目的进度目标，达到项目的实际实施周期不超过计划周期。因为影响进度的因素相当多，进度控制中的协调工作量也相当大，所以在项目实施过程需要采取相关措施进行控制。进度控制措施主要包括组织措施、技术措施、经济措施和其他配套措施等。

1) 组织措施

组织措施主要是明确进度控制人员及其岗位职责；建立进度报告制度；增加工作面，增加劳动力或机械数量，增加工作时间或班次，组织流水作业等。

2) 技术措施

技术措施主要是改变施工工艺，采用更先进的施工方法或机械设备，缩短技术间歇时间等。

3) 经济措施

经济措施主要是实行经济及包干奖励，对所采用的技术措施进行经济补偿，提高奖金数额等。

4) 其他配套措施

其他配套措施主要是改善劳动条件，改善外部配套条件，加强协调，加强合同管理和信息管理等。

如果以上这些方法均不能奏效，则应改变要求的工期或改变施工方案。

4.3 项目成本管理

项目成本是指在项目上发生的全部费用总和，它包括直接成本和间接成本。其中直接成本包括人工费、材料费、机械费和措施费；间接成本指项目经理部发生的现场管理费。

项目成本管理包括成本预测与计划、成本计划编制、成本计划实施、成本核算、成本检查、成本分析和考核等环节。其中成本计划编制与成本计划实施是关键环节。因此，进行项目成本管理，必须具体研究每个环节的有效工作方式和关键管理措施，从而取得项目整体的成本控制效果。

4.3.1 项目成本预测与计划

项目成本预测与计划是项目成本的事前控制，它的任务是通过成本预测估计出项目的成本目标，再通过成本计划的编制做出成本控制的安排。因此项目成本预测与计划的目的是提出一个可行的成本管理实施纲领和作业设计。

1. 项目成本预测

1) 项目成本预测的依据

(1) 项目成本预测的首要依据是施工企业的利润目标对降低工程成本的要求。企业根据经营决策提出利润目标后，便对降低成本提出了总目标。每个项目的降低成本率水平应等于或高于企业的总降低成本率水平，以保证降低成本总目标的实现。在此基础上确定项目的降低成本率和成本目标。

(2) 项目的合同价格。项目的合同价格是项目的销售价格，是所能取得的收入总额。项目的成本目标就是合同价格与利润目标之差。这个利润目标是企业分配到该项目的降低成本要求。根据目标成本降低额，求出目标成本降低率，再与企业的目标成本降低率进行比较，如果前者等于或大于后者，则目标成本降低额可行，否则应予调整。

(3) 项目成本估算(概算或预算)。项目成本估算(概算或预算)是根据市场价格或定额价格(计划价格)对成本发生的社会水平做出估计，它既是合同价格的基础，又是成本决策的依据，是量入为出的标准，是预测项目成本最主要的依据。

(4) 企业同类项目的降低成本水平。这个水平代表了企业的成本管理水平，是该项目可能达到的成本水平，可以与成本管理目标进行比较，从而做出成本目标决策。

2) 项目成本预测的程序

第一步，进行项目成本估算，确定可以得到补偿的社会平均水平的成本。目前主要是根据概算定额或工程量清单进行计算。

第二步，根据合同承包价格计算项目的承包成本，并与估算成本进行比较。一般承包成本应低于估算成本。如高于估算成本，应对工程索赔和降低成本做出可行性分析。

第三步，根据企业利润目标提出的项目降低成本要求，并根据企业同类工程的成本水平以及合同承包成本，做出降低成本决策；计算出降低成本率，对降低成本率水平进行评估，在评估的基础上作出决策。

第四步，根据降低成本率决策，计算出决策降低成本额和决策项目成本额，在此基础上定出项目经理部责任成本额。

2. 工程项目成本计划

1) 工程项目成本计划的概念和目的

工程项目成本计划是指在对工程项目所需成本总额作出合理估计的前提下，为了确定项目实际执行情况的基准，保证项目投资目标的实现，而把整个项目成本分配到各个任务单元上去的工作。目的是在成本计划的基础上进行成本控制工作，保证在批准或者可承受的成本范围内实现项目任务。

2) 工程项目成本分解的角度

为了便于从各个方面和各个角度对项目成本进行精确、全面地计划和有效控制，必须多方位、多角度地划分成本项目，形成一个多维、严密的体系。

项目的成本(或投资)可以进行多角度的结构分解。每一种成本的结构分解，都可以用树形结构的形式表达，都应保证完备性和适用性。项目系统分解方法主要有以下三种：

(1) 按项目工作分解结构。按照(WBS)图中各层次的项目单元分解结构时，项目单元首先必须作为成本的估算对象，这对项目成本模型的建立、成本责任的落实和成本控制有至关重要的作用。项目结构分解是成本计划不可缺少的前提条件。

(2) 按工程建设投资分解结构。将项目总投资进行分解，能得到项目的投资分解结构。建设项目总投资可以分为固定资产投资(即工程造价)和流动资产投资(即流动资金)。

(3) 按工程量清单分解结构。这通常是将项目工程按工艺特点、工作内容、工程所处位置细分成分部、分项工程。细分工程在招标文件的项目工程量目录中列出，承包商按此报价，作为业主和承包商之间实际工程价款结算的对象。

3. 成本模型

1) 成本模型的概念

在网络分析的基础上将工程项目的计划成本分解落实到各个项目单元上，将计划成本在相应的工程活动的持续时间上平均分配，可以获得工期-计划成本累计曲线(又称为 S 曲线)，如图 4-6 所示，该曲线被称为项目的成本模型。

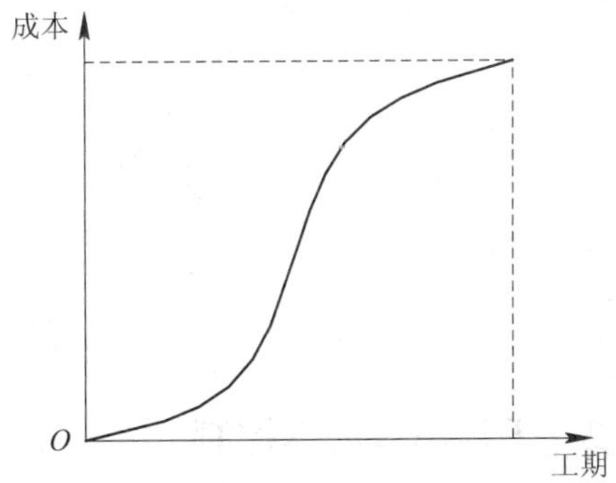

图 4-6　项目的成本模型

2) 成本模型的绘制方法

(1) 在经过网络分析后，按各个活动的最早(晚)时间输出横道图，并确定相应项目单元的工程成本。

(2) 假设工程成本在相应工程活动的持续时间内平均分配，得出各活动的计划成本强度。

(3) 按项目总工期将各期内各项活动的计划成本进行汇集，得出项目在各时间段的成本强度。

(4) 作计划成本-工期图(直方图)。

(5) 计算各期末的计划成本累计值，作累计曲线。

3) 成本模型的工程实例

表 4-2 是某项目中各工程活动的计划成本，求其成本模型，结果见图 4-7。

表 4-2　某项目中各工程活动的计划成本

工程活动	A	B	C	D	E	F	G	H	I	J	K	合计
持续时间/周	2	12	6	10	4	4	6	4	6	4	2	28
计划成本/万元	4	48	60	60	24	32	30	20	48	16	6	348
单位时间计划成本/(万元/周)	2	4	10	6	6	8	5	5	8	4	3	12.4

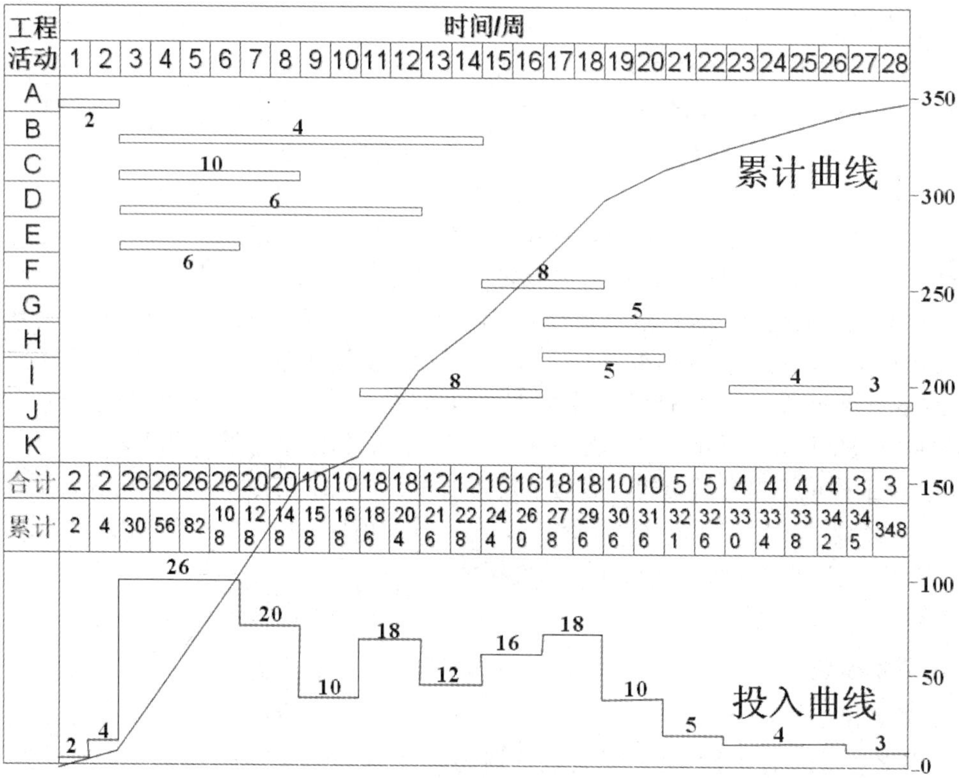

图 4-7　成本模型图

4.3.2　工程项目成本控制

工程项目成本控制的要求如下：

(1) 坚持增收节支、全面控制、责权利相结合的原则，用目标管理方法进行有效控制。

(2) 做好采购策划、优化配置、合理使用、动态管理生产要素，特别要控制好材料成本。

(3) 加强施工定额管理和施工任务单管理，控制活劳动和物化劳动的消耗。

(4) 加强调度工作，克服可能导致成本增加的各种干扰。

(5) 及时进行索赔，使实际成本支出真实。

(6) 做好月度成本原始资料的收集和整理，正确计算月度成本，分析月度计划成本和实际成本的差异，充分注意不利差异，认真分析不利差异的原因，特别重视盈亏比例异常现象的原因分析，并采取措施尽快消除异常现象。

(7) 在月度成本核算的基础上实行责任成本核算，即利用原有会计核算的资料，重新按责任部门或责任者归集成本费用，每月结算一次，并与责任成本进行对比，由责任者自己采取措施，纠正实际成本与责任成本之间的偏差。

(8) 必须强调对分包工程成本的控制。分包工程成本管理由分包单位自己负责，分包单位也应当编制成本计划并按计划实施。分包工程成本影响项目经理部的工程成本，故项目经理部应当协助分包单位进行成本控制，做好服务、监督和考核工作。

4.4　项目质量控制

4.4.1　质量控制与工程项目质量控制

根据国家相关标准的定义，质量控制是质量管理的一部分，是致力于满足质量要求的一系列相关活动。这些活动主要包括：

(1) 设定目标。设定要求，确定需要控制的标准、区间、范围、区域。

(2) 测量结果。测量满足所设定目标的程度。

(3) 评价。评价控制的能力和效果。

(4) 纠偏。对不满足设定目标的偏差，及时纠偏，保持控制能力的稳定性。

质量控制是在明确的质量目标和具体条件下，通过行动方案和资源配置的计划、实施、检查和监督，进行质量目标的事前预控、事中控制和事后纠偏控制，实现预期质量目标的系统过程。

工程项目的质量要求是由业主方提出的，质量目标是业主的建设意图通过项目策划，包括项目的定义及建设规模、系统构成、使用功能和价值、规格、档次、标准等的定位策划和目标决策来确定的。工程项目质量控制，就是在项目实施整个过程中，包括项目的勘察设计、招标采购、施工安装、竣工验收等各个阶段，项目参与各方者致力于实现业主要求的项目质量总目标的一系列活动。

工程项目质量控制包括项目的建设、勘察、设计、施工、监理各方的质量控制活动。

4.4.2　工程项目质量控制的基本原理

工程项目质量控制有三个基本原理，分别是 PDCA 循环原理、三阶段控制原理和三全控制原理。

1. PDCA 循环原理

在长期的生产实践和理论研究中形成的 PDCA 循环原理是建立质量管理体系和进行质量管理的基本原理。PDCA 循环如图 4-8 所示。

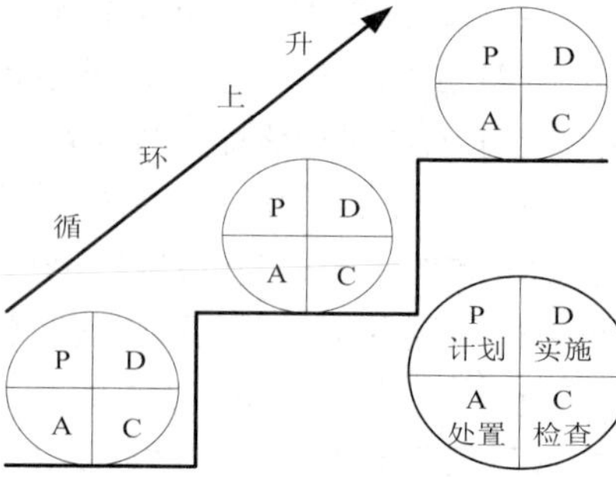

图 4-8　PDCA 循环示意图

从某种意义上说，管理就是确定任务目标，并通过 PDCA 循环来实现预期目标的过程。每一次循环都围绕着实现预期目标进行计划、实施、检查和处置活动，随着对存在问题的解决和改进，在一次一次的滚动循环中逐步上升，不断增强质量管理能力，提高质量水平。在每一次循环中，四大职能活动相互联系，共同构成了质量管理的系统过程。

2. 三阶段控制原理

三阶段控制原理是指在工程项目的质量控制中，应贯彻全面、全员、全过程质量管理的思想，运用动态控制原理，进行质量的事前控制、事中控制和事后控制。

1) 事前质量控制

在正式施工前应进行事前质量控制，通过编制施工质量计划，明确质量目标，制订施工方案，设置质量管理点，落实质量责任，分析可能导致质量目标偏离的各种影响因素，并针对这些影响因素制订有效的预防措施，防患于未然。

事前质量控制必须充分发挥组织在技术和管理方面的整体优势，把长期形成的先进技术、管理方法和经验智慧创造性地应用于工程项目中。

事前质量控制要求针对质量控制对象的控制目标、活动条件、影响因素等进行周密分析，找出薄弱环节，制订有效的控制措施和对策。

2) 事中质量控制

在施工质量的形成过程中，应对影响施工质量的各种因素进行全面的动态控制。事中质量控制也称作业活动过程质量控制，包括质量活动主体的自我控制(简称自控)和他人监控(简称监控)两种控制方式。自我控制是第一位的，即施工者在作业过程中对自己质量活动行为的约束和技术能力的发挥，以完成符合预定质量目标的作业任务；他人监控是由来自企业内部或企业外部有关方面的组织或人员对施工者的质量活动过程和结果进行监督检查，如工程监理机构、政府质量监督部门等的监控。

施工质量的自控和监控是相辅相成的系统过程。施工主体的质量意识和自控能力是关键，是施工质量的决定因素；监控是对自控行为的推动和约束。因此，施工主体必须正确处理自控和监控的关系，在致力于施工质量自控的同时，还必须接受来自业主、监理等方面对其质量行为结果所进行的监督管理，包括质量检查、评价和验收。施工主体不能因为监控主体的存在和监控职能的实施而减轻或免除其质量责任。

事中质量控制的目标是确保工序质量合格，杜绝质量事故发生；控制的关键是坚持质量标准；控制的重点是对工序质量、工作质量和质量控制点的控制。

3) 事后质量控制

事后质量控制也称事后质量把关，目的是使不合格的工序或最终产品(包括单位工程或整个工程项目)不流入下道工序，不进入市场。事后质量控制包括对质量活动结果的评价、认定，对工序质量偏差的纠正，对不合格产品的整改和处理。控制的重点是发现施工质量方面的缺陷，并通过分析提出改进施工质量的措施，保持质量处于受控状态。

以上三大环节不是互相孤立的，它们共同构成有机的系统过程，实质上是质量管理 PDCA 循环的具体化，在每一次滚动循环中不断提高，以达到质量管理和质量控制的持续改进。

3. 三全控制原理

三全控制指的是全面质量管理、全过程质量管理和全员参与质量管理。

1) 全面质量管理

建设工程项目的全面质量管理是项目参与各方所进行的工程项目质量管理的总称，其中包括工程(产品)质量和工作质量的全面管理。工作质量是产品质量的保证，直接影响产品质量的形成。建设单位、监理单位、勘察单位、设计单位、施工总承包单位、施工分包单位、材料设备供应商等任何一方、任何环节的怠慢疏忽或质量责任不落实都会对建设工程质量造成不利影响。

2) 全过程质量管理

全过程质量管理是指根据工程质量的形成规律，从源头抓起，全过程推进的管理方法。国家标准强调质量管理的“过程方法”管理原则，要求应用“过程方法”进行全过程质量控制。要控制的主要过程包括：项目策划与决策过程、勘察设计过程、设备材料采购过程、施工组织与实施过程、检测设施控制与计量过程、施工生产的检验试验过程、工程质量的评定过程、工程竣工验收与交付过程、工程回访维修服务过程等。

3) 全员参与质量管理

按照全面质量管理的思想，组织内部的每个部门和工作岗位都承担着相应的质量职能，组织的最高管理者确定了质量方针和目标，组织内的全体员工都应参与到实施质量方针的系统活动中，发挥自己的角色作用。开展全员参与质量管理的重要手段就是运用目标管理方法，将组织的质量总目标逐级进行分解，使之形成自上而下的质量目标分解体系和自下而上的质量目标保证体系，发挥组织系统内部每个工作岗位、部门或团队在实现质量总目标过程中的作用。

4.4.3 房地产开发项目防水工程施工控制案例

防水工程是房地产开发项目质量控制的重点对象，是购房人(业主)重点关注的对象。本节列选了建筑工程中 6 大易出现漏、渗水部位，并给出了防治措施。

1. 商业内街的地下室屋面变形缝构造做法

技术领域：本案例涉及建筑商业内街的地下室屋面变形缝构造处理。

背景技术：当带有地下室的商业内街较长时，通常需在地下室屋面设纵、横向变形缝，如图 4-9 和图 4-10 所示。

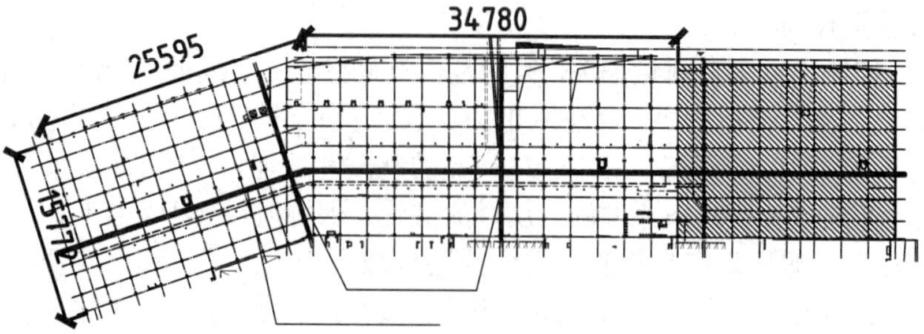

图 4-9　商业街平面图

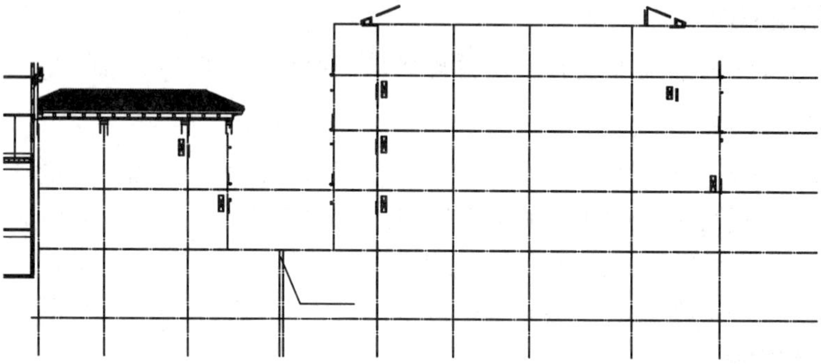

图 4-10　商业街剖面图

这些纵、横变形缝经常会发生漏水，其原因是施工时按楼地面变形缝处理方法施工。图 4-11 所示的方法对于室内变形缝较为有效，但对于上述商业内街的地下室屋面是不够的，因为商业内街处于室外，当内街做排水沟时，处在地下室的屋面还需回填，这将导致变形缝位置极易漏水。

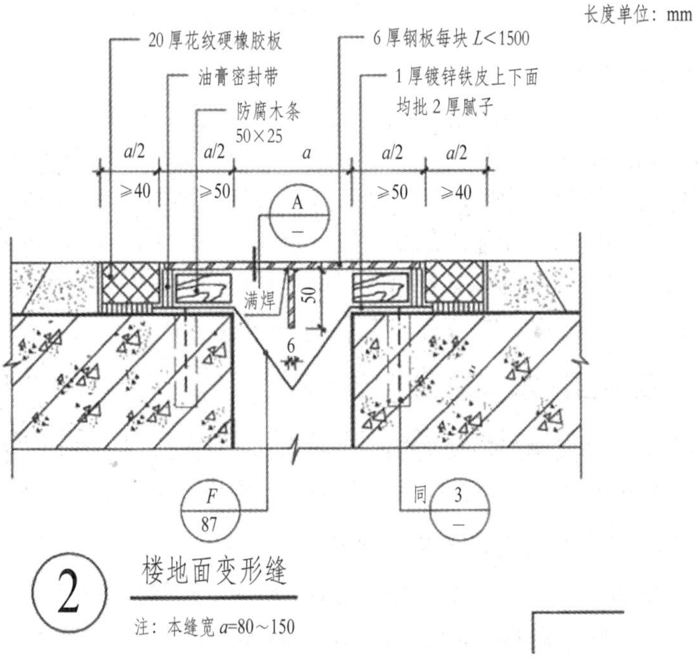

图 4-11　楼地面变形缝处理大样图

解决方案：针对以上部位易出的质量问题，本案例提出了如图 4-12 所示的构造做法，采用该法可规避商业内街的地下室屋面变形缝漏水的质量问题。

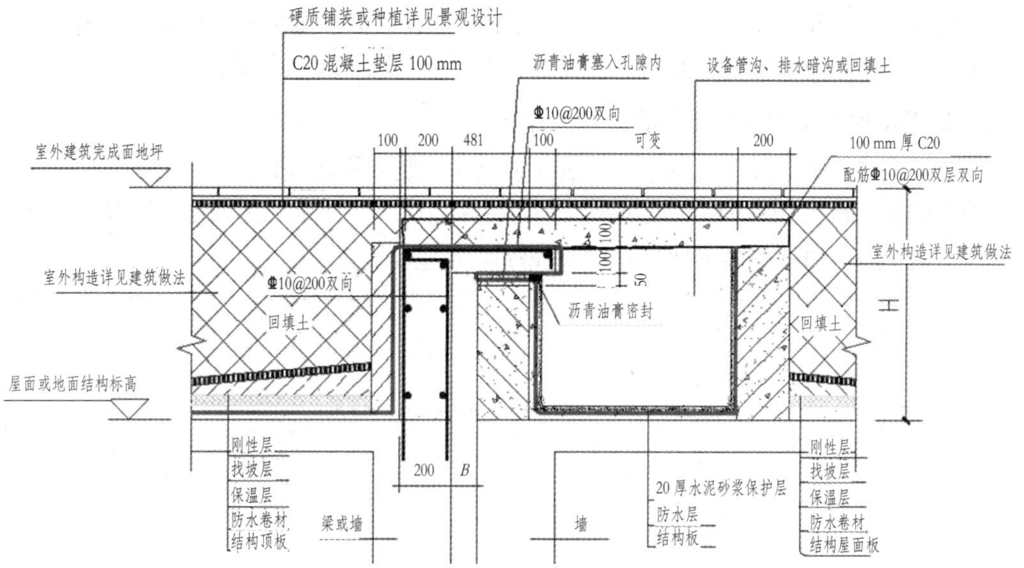

图 4-12　商业内街的地下室屋面变形缝位置构造做法

本案例要解决的技术问题是提供一种施工简单、质量好、成本低的构造做法。

为解决以上技术问题所采取的技术方案为：在商业内街的地下室屋面变形缝两侧分别起素混凝土反坎、钢筋混凝土反坎及悬挑板，在悬挑板和素混凝土反坎间留有 50 mm 的空隙，使变形缝两侧结构能自由收缩、沉降等，然后用防水卷材包裹素混凝土反坎、钢筋混凝土反坎、悬挑板，防水卷材需塞入 50 mm 的空隙中，然后用沥青油膏密封。

上述方案中，钢筋混凝土反坎及悬挑板内配筋为Φ10@200；钢筋混凝土反坎比素混凝土反坎高 150 mm，宽度为 200 mm；悬挑板厚度为 100 mm，总宽度为 400 mm 加变形缝宽度。

具体实施步骤如下：

第一步：在屋面变形缝一侧浇筑素混凝土反坎(宽度为 200 mm，高度为回填土厚度减 250 mm)、C20 细石混凝土。

第二步：在屋面变形缝的另一侧浇筑钢筋混凝土反坎(宽度为 200 mm，高度为回填土厚度减 100 mm)及悬挑板(板厚为 100 mm，板宽为 400 mm 加变形缝宽度)、C20 细石混凝土，配筋如图 4-12 所示，植筋长度为 100 mm。悬挑板与下面的素混凝土反坎有 50 mm 的缝隙，使两边的结构能够自由沉降。养护 7 天。

第三步：在屋面板、反坎及悬挑板上采用高聚物改性沥青防水卷材或合成高分子卷材施工。若采用高聚物改性沥青防水卷材施工，则Ⅲ级屋面可一道设防，卷材厚度不小于 4 mm；Ⅱ级屋面应二道设防，卷材厚度不小于 3 mm；Ⅰ级屋面应三道或三道以上设防，卷材厚度不小于 3 mm；采用热熔法施工，不用冷粘法施工。若采用合成高分子卷材施工，则Ⅲ级屋面可一道设防，卷材厚度不小于 1.2 mm；Ⅱ级屋面应二道设防，卷材厚度不小于

1.2 mm；Ⅰ级屋面应三道或三道以上设防，卷材厚度不小于 1.5 mm。注意：需把高聚物改性沥青防水卷材或合成高分子卷材尽量多塞一些到 50 mm 的缝隙处。

第四步：在悬挑板与素混凝土反坎 50 mm 的缝隙处塞入沥青油膏密封。

第五步：在混凝土反坎的外边砌筑 100 mm 厚的反坎高砖砌体，保护防水卷材。

第六步：在屋面上施工保温层、找坡层、刚性层、回填及硬质铺装。

2. 地下车库下沉式通风排气竖井构造做法

技术领域：本案例涉及地下车库下沉式通风排气竖井构造处理。

背景技术：地下车库下沉式通风排气竖井经常发生排水不通畅的问题，以致滋生细菌，污染环境，还经常出现渗漏水现象，影响环境。

解决方案：针对以上部位易出现的问题，本案例提出了如图 4-13 所示的构造做法。

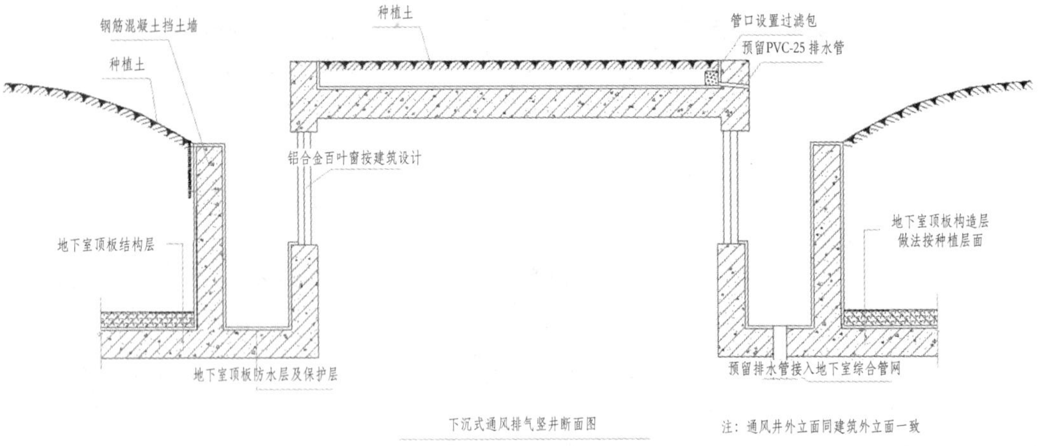

图 4-13　下沉式通风排气竖井构造做法

本案例要解决的技术问题是提供一种施工简单、质量好的构造做法。

为解决以上技术问题所采取的技术方案为：首先在地下车库顶板浇筑钢筋混凝土挡土墙，其高度、厚度、配筋及混凝土标号根据种植土回填高度及车库顶板荷载确定；然后用 SBS 防水卷材包裹地下车库顶板及钢筋混凝土挡土墙，并上翻至铝合金百叶窗窗口底部；之后在地下车库顶板预留 1 个排水管，并将其接入地下室综合管网，用水泥砂浆以 0.3%的坡度向预留排水管处找坡。为使下沉式通风排气竖井顶板及其四周不渗漏水，需在顶板上用 SBS 防水卷材包裹，并预留 1 个 PVC-25 排水管将水排出，在管口处设置过滤包(过滤包由 2 层无纺布包裹鹅卵石构成)。

实现效果：

地下车库下沉式通风排气竖井按照本案例的构造做法，能有效规避排水不通畅、滋生细菌等问题，防止发生渗漏水现象。在使用过程中，为确保管道通畅，物管人员需定期对树枝残渣等进行清理。

3. 屋面女儿墙防漏水构造做法

技术领域：本案例涉及建筑屋面女儿墙构造处理。

背景技术：在屋面女儿墙位置经常出现漏水，如图 4-14 所示，其很大的原因是女儿墙全部采用了砖砌体来施工，如图 4-15 所示，由于砖砌体与混凝土楼板是两种不同材料，热膨胀系数不同，因此在两者交界的地方会出现横向裂缝，可能把屋面防水层拉裂，造成漏水。

图 4-14 屋面女儿墙漏水图

图 4-15 屋面女儿墙砖砌体图

解决方案：针对以上部位易出质量问题，本案例提出采用如图 4-16 所示的构造做法，采用该方法可规避屋面女儿墙漏水的质量问题。

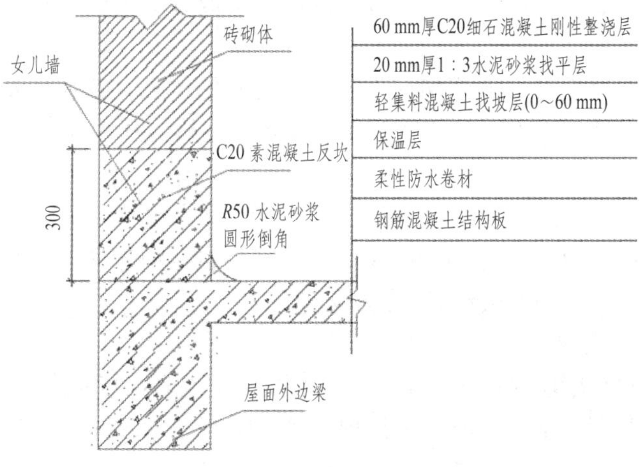

图 4-16 女儿墙墙底构造做法

本案例要解决的技术问题是提供一种施工简单、质量好的构造做法。

为解决以上技术问题所采取的技术方案为：在屋面女儿墙底部起 300 mm 高，与屋面外边梁同宽的 C20 素混凝土反坎。保温层越来越厚，需确保刚性整浇层完成面在素混凝土反坎的下面，因此素混凝土反坎高度至少需 300 mm。

上述方案中，C20 细石混凝土刚性整浇层与 C20 素混凝土反坎之间应预留 30 mm 以上空隙，并用沥青油膏密封材料严密封闭，然后以沥青油膏为中心线，在其上施工 300 mm

宽聚氨酯防水涂料，如图 4-17 所示。C20 素混凝土反坎应间隔 12 m 留置 10 mm 宽的伸缩缝，伸缩缝内用密封材料沥青油膏严密封闭。

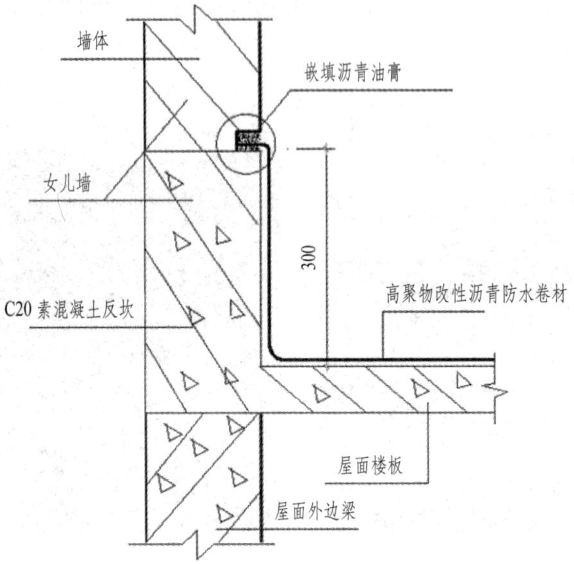

图 4-17　女儿墙防水层施工节点大样图

具体实施步骤如下：

第一步：在屋面外边梁上先凿毛，凿毛宽度同屋面外边梁宽。

第二步：在屋面外边梁上浇筑 300 mm 高 C20 素混凝土反坎，间隔 12 m 留置 10 mm 宽的伸缩缝。

第三步：在屋面楼板与 C20 素混凝土反坎的交界处用水泥砂浆抹 *R*50 圆形倒角。

第四步：在屋面楼板上施工高聚物改性沥青防水卷材，泛水高度 300 mm，如图 4-17 所示。

第五步：在防水层上施工保温层、找坡层、找平层及刚性整浇层，在刚性整浇层与 C20 素混凝土反坎之间应预留 30 mm 以上空隙，并用密封材料沥青油膏严密封闭，然后以沥青油膏为中心线在其上施工 300 mm 宽聚氨酯防水涂料。

第六步：在 C20 素混凝土反坎上施工砖砌体。

实现效果：在女儿墙墙底做 300 mm 高素混凝土反坎后，与屋面同材料，都为混凝土，因此女儿墙的墙底与屋面交界处不容易出现裂缝，能有效规避女儿墙漏水问题。由于在女儿墙素混凝土反坎的顶部与砖砌体交界处仍然是不同材料，仍然存在裂缝，但只要屋面积水水位到不了该交界处，就不会发生漏水问题，因此屋面的漏水管需保持畅通。

4. 地下商场出入口玻璃幕墙底部收口防漏、渗水构造做法

技术领域：本案例涉及地下商场出入口玻璃幕墙底部收口构造处理。

背景技术：地下商场出入口四周易出现漏水、渗水现象。

解决方案：针对以上部位易出质量问题，本案例提出如图 4-18 所示的构造做法，该方法可规避地下商场出入口玻璃幕墙底部漏水、渗水质量问题。

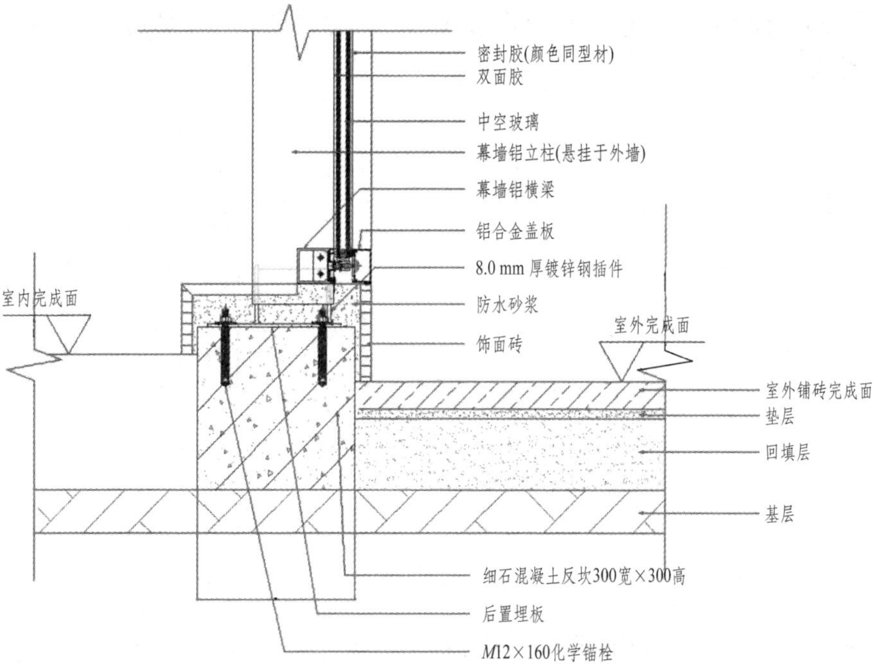

图 4-18　地下商场出入口玻璃幕墙底部收口位置构造做法

本案例要解决的技术问题是：提供一种施工简单、质量好、成本低的构造做法。

为解决以上技术问题所采取的技术方案为：在地下商场出入口三边分别起 300 mm × 300 mm 的素混凝土反坎(若设计有梁，则将此梁做成上翻梁)；再在素混凝土反坎上施工玻璃幕墙工程；然后在屋面板和素混凝土反坎上施工高聚物改性沥青防水卷材；接着是屋面板上的回填层、垫层及铺砖；最后是素混凝土反坎上用防水砂浆铺贴饰面砖。

具体步骤如下：

第一步：先在屋面板上、素混凝土反坎下凿毛；再在地下商场出入口三边分别起 300 mm × 300 mm 的素混凝土反坎(若设计有梁，则将此梁做成上翻梁)，C20 细石混凝土；养护 7 天。

第二步：在素混凝土反坎上施工玻璃幕墙工程。

第三步：在屋面楼板与 C20 素混凝土反坎的交界处用水泥砂浆抹 $R50$ 圆形倒角。

第四步：在屋面板、素混凝土反坎上施工高聚物改性沥青防水卷材或合成高分子卷材。若是高聚物改性沥青防水卷材施工，Ⅲ级屋面可一道设防，卷材厚度不小于 4 mm；Ⅱ级屋面应二道设防，卷材厚度不小于 3 mm；Ⅰ级屋面应三道或三道以上设防，卷材厚度不小于 3 mm；采用热熔法施工，不用冷粘法施工。若是合成高分子卷材施工，Ⅲ级屋面可一道设防，卷材厚度不小于 1.2 mm；Ⅱ级屋面应二道设防，卷材厚度不小于 1.2 mm；Ⅰ级屋面应三道或三道以上设防，卷材厚度不小于 1.5 mm。注意：需把高聚物改性沥青防水卷材或合成高分子卷材尽量多塞一些到 50 mm 的缝隙处。

第五步：屋面板上的回填层、垫层及铺砖。

第六步：素混凝土反坎上需用防水砂浆铺贴饰面砖。

5. 商业内街钢结构无盖连廊防漏、渗水构造做法

技术领域：本案例涉及商业内街钢结构无盖连廊防漏、渗水构造处理。

背景技术：商业内街钢结构无盖连廊常规做法是在连廊上做地漏，连廊上的水经地漏流到室外，如图 4-19 所示。但是商业内街钢结构无盖连廊与房屋主体边梁交界处经常发生漏、渗水现象。

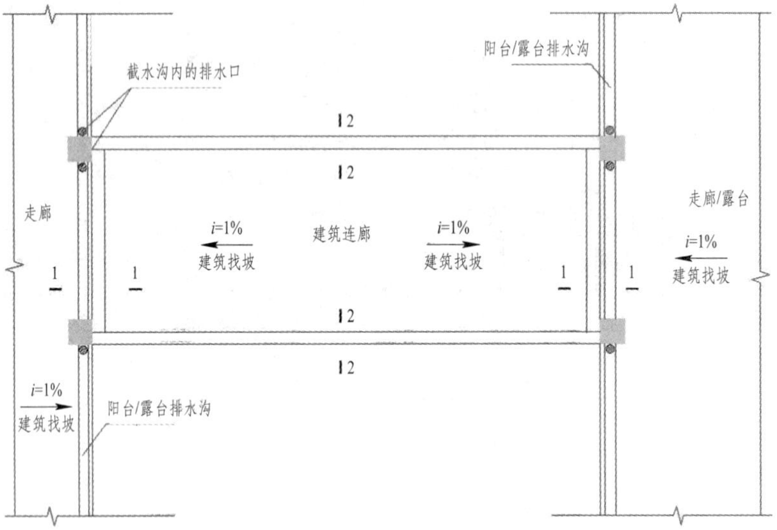

图 4-19　商业内街钢结构无盖连廊平面图

解决方案：针对以上部位易出质量问题，本案例提出如图 4-20、图 4-21 所示的构造做法，该方法可规避商业内街钢结构无盖连廊漏、渗水的质量问题。

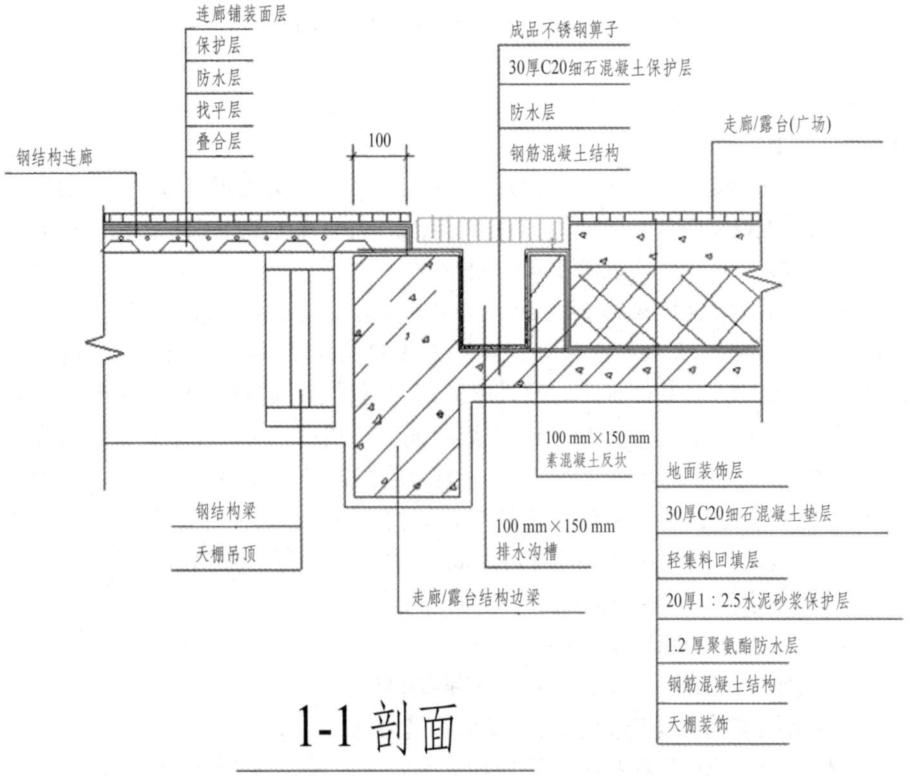

图 4-20　商业内街钢结构无盖连廊 1-1 位置构造做法

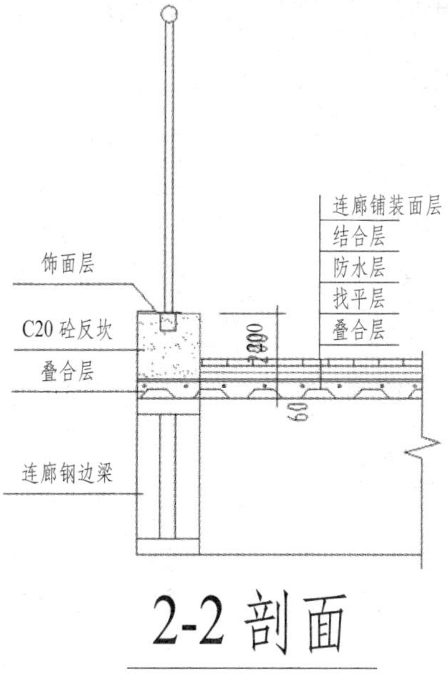

图 4-21　商业内街钢结构无盖连廊 2-2 位置构造做法

为解决以上技术问题所采取的技术方案为：将无盖连廊钢结构整体提升，把水引流到房屋走廊或露台内。在房屋走廊或露台结构边梁内侧做一个 100 mm × 120 mm 的沟槽，将钢结构连廊上的水排到此沟槽中。

具体步骤如下：

第一步：将无盖钢结构连廊底板施工至距离边梁高 3 cm 位置且超过边梁 100 mm，起到将无盖连廊钢结构整体提升的作用，将无盖连廊上的水引流到房屋走廊或露台内；无盖钢结构连廊比边梁高 3 cm 是便于将防水卷材裹塞进去。

第二步：在房屋结构楼板上起 100 mm × 120 mm 的 C20 素混凝土反坎，形成排水沟槽。

第三步：施工高聚物改性沥青防水卷材或合成高分子卷材，起到防水作用。注意需把高聚物改性沥青防水卷材或合成高分子卷材裹塞到钢结构连廊底板和梁形成的 3 cm 缝隙处。

第四步：C20 细石混凝土防水保护层最薄处厚度为 30 mm，向落水管方向按 0.5%找坡。

第五步：钢结构连廊防水保护层铺装面层，以 1%的坡度向沟槽找坡。

6. 单元入户梯步构造做法

技术领域：本案例涉及单元入户梯步构造处理。

背景技术：单元入户的梯步与主体结构出现脱裂并且沉降的问题。

解决方案：针对以上部位易出质量问题，本案例提出如图 4-22 所示的构造做法，该方法可规避单元入户梯步与主体结构出现脱裂并且沉降的质量问题。

本案例要解决的技术问题是：提供一种施工简单、质量好、成本低的构造做法。

为解决以上技术问题所采取的技术方案为：在混凝土主体结构上(地下室混凝土挡墙、地梁等)做一块 100 mm 厚斜挑板，C30 混凝土现浇，内配受力筋 $R9@100$ 并与主体结构植筋连接，植筋长度为 $10d$，分布筋为 $\phi6.5@200$。采用此构造做法能使得梯步与混凝土主体结构连为一体，能有效规避单元入户梯步与主体结构出现脱裂、沉降的质量问题。

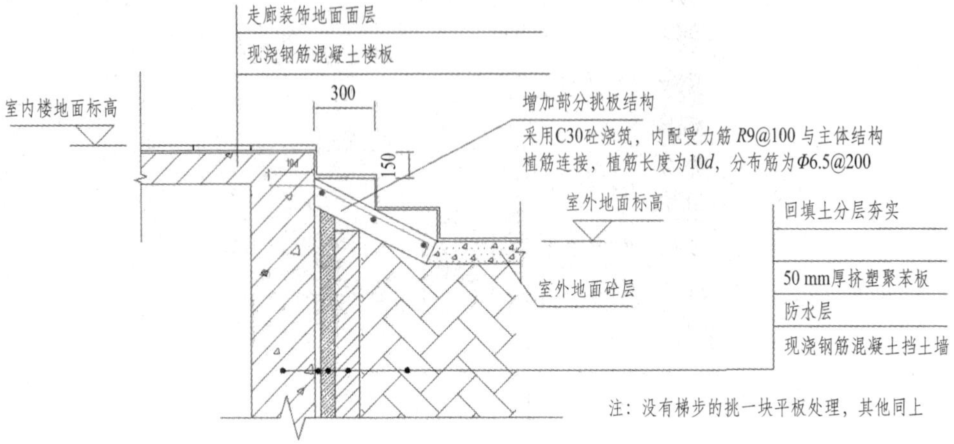

图 4-22　单元入户梯步与主体结构变形缝位置构造做法

具体步骤如下：

第一步：在地下室混凝土挡墙上分别做防水层、保温层及保护层，然后再回填土，并对填土进行分层夯实。

第二步：根据设计图纸上的梯步数量、尺寸，制作斜挑板的模板，注意不能缺少板底模，因为若用土模，回填土会吸收 100 mm 厚的斜挑板混凝土的水泥浆，会影响混凝土的强度。

第三步：在地下室混凝土挡墙上植筋 *R*9@100，植筋长度为 10*d*，斜挑板内的受力筋与植筋为同一钢筋，都是 *R*9@100，分布筋为 ϕ6.5@200。

第四步：浇筑斜挑板混凝土，养护 7 天，然后在斜挑板上用砖或细石混凝土制作梯步。

4.5　BIM 技术在房地产开发项目中的应用研究

建筑信息模型(Buiding Information Modeling，BIM)既包括建筑物全生命周期的信息模型，同时又包括建筑工程管理行为的模型，它将两者进行完美结合来实现集成管理，它的出现可能引发整个建筑、工程和施工产业(Architecture、Engineering & Construction，AEC)领域的二次革命。BIM 技术的应用范围很广泛，在建筑领域主要侧重于建筑结构和机电安装两个方面的应用。

4.5.1　概述

BIM 技术在项目开发和工程建设阶段应用的广泛性不言而喻，不仅包括普遍应用的可视化交底、深化设计、综合协调、施工模拟、施工方案优化等，还涉及前期的场地平整、后期的运营维护。在住宅地产领域，BIM 技术的应用目的主要体现在三个方面：第一方面，优化设计降成本，通过 BIM 建模，利用其可视化功能、参数化设计、碰撞检测、协同工作机制可以大大提高设计方案质量，减少拆改返工和签证数量；第二方面，漫游带入促营销，通过 BIM 技术对建筑模型进行加工，实现轻量化，再加以灯光和环境信息渲染，可以作为营销手段，让客户在虚拟漫游模型中感受产品信息，进而提升产品形象；第三方面，后期延伸保运维，把 BIM 技术构建的算量模型向后延伸，做到智慧运维、可视化运维，在整个建筑的全生命周期内实现互联互通的应用。

目前国内房地产开发与经营多以成本效益最优为考核标准，评标往往也以最低价中标为评判标准，对于每个环节，每个参与单位均要考虑投入产出比，要求 BIM 技术的应用效果立竿见影。在住宅地产领域，对于 BIM 技术应用的三个方面，优化设计降成本方面通常是企业的首选，成果可视，虽然对成本的节约无法如实量化，但对成本的优化效果是显著的，业界是认可的；在漫游带入促营销方面，通常需要专业的视频制作，技术层面的 BIM 应用无法满足营销要求，而过度包装往往会造成宣传与实物的巨大落差，容易引起营销纠纷，故而导致该方面 BIM 技术的应用受限；在后期延伸保运维方面，研究表明建筑设备运维管理的核心是对信息的管理，利用相关软件共享参数进行信息编辑，将 BIM 模型与建筑设备管理紧密结合，在 BIM 初期建模的过程中完善相关设备的管理信息，而这需要投入大量的人力和财力，受益的却是后续单位，故而在现实项目开发中的应用并不广泛。

BIM 技术目前已经在全球范围内得到业界的广泛认可，它可以帮助实现建筑信息的集成，从建筑的设计、施工、运行直至建筑全寿命周期的终结，各种信息始终整合于一个三维模型信息数据库中，设计团队、施工单位、设施运营部门和业主等各方人员可以基于 BIM 进行协同工作，有效提高工作效率、节省资源、降低成本、以实现可持续发展。BIM 技术具有可视化、协调性、模拟性、优化性和可出图性等优点，在我国的发展应用势不可挡，中华人民共和国住房城乡建设部在 2011 年、2013 年、2014 年及 2015 年都出台相关政策要求各地推广和应用 BIM 技术；2017 年国务院办公厅发布“关于促进建筑业持续健康发展的意见”，该意见要求各地加快推进建筑信息模型(BIM)技术在规划、勘察、设计、施工和运营维护全过程的集成应用，实现工程建设项目全生命周期数据共享和信息化管理，为项目方案优化和科学决策提供依据，促进建筑业提质增效。

4.5.2　基于 BIM 的房地产开发项目深基坑工程模型的创建

BIM 技术在一定程度上能为深基坑工程项目提质增效，其基础、核心是深基坑工程模型的创建，本节将应用 Revit 软件创建深基坑工程模型。首先组建建模团队，之后准备好建模硬件工具，再实施深基坑工程的建模(创建标高轴网，制作构件族，CSM 水泥土搅拌墙建模，钻孔灌注桩、高压旋喷桩、立柱桩建模，混凝土内撑梁建模)。

1. 创建深基坑工程模型的必要性分析

1) 深基坑工程概述

土方开挖深度大于或等于 5 m 的基坑称为深基坑，深基坑工程在城市建设工程中大量存在，由于开挖深度较深，在施工过程中易发生质量、安全事故，事故原因可用 4M1E 方法进行分析，4M1E 中的 4M 指的是 Man(人)、Machine(机器)、Material(物)、Method(方法)，1E 指的是 Environments(环境)，详见图 4-23。

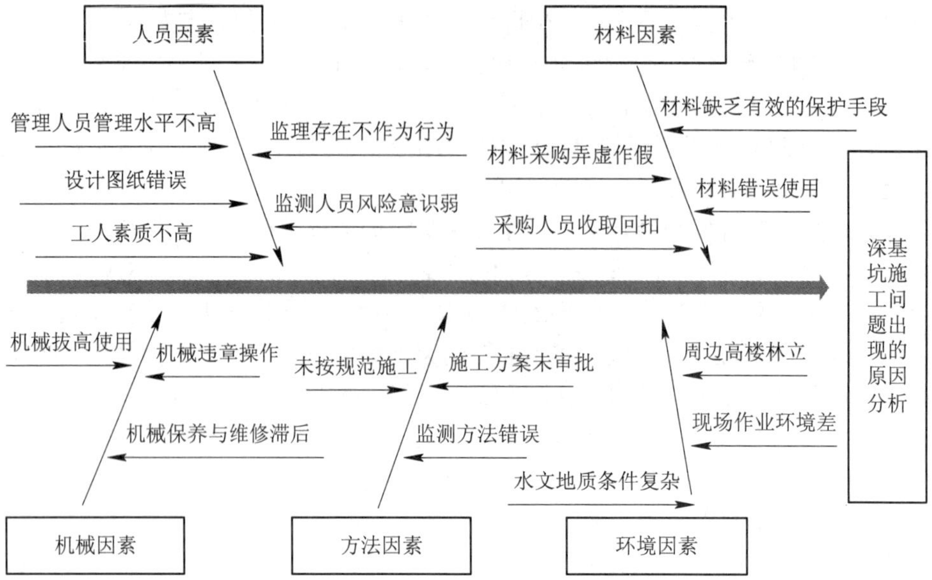

图 4-23 深基坑工程质量、安全事故原因分析鱼刺图

2) 基于 BIM 技术的深基坑工程质量、安全事故规避途径

根据深基坑工程质量、安全事故产生原因及 BIM 技术优势，若将 BIM 技术应用于深基坑工程施工会产生一定的效益，具体体现在深基坑工程施工质量、安全、成本及进度方面，详见表 4-3。

表 4-3 深基坑工程施工问题的解决途径

问题类型	问题描述	解决途径
成本方面	工程变更经常发生，地质条件复杂，成本极易失控	建立深基坑工程模型，找出设计问题，建立地质模型，了解地质情况
进度方面	工程量大，工期紧张，容易发生突发状况而影响工期，进度管理不完善	工程模型建立后由 FUZOR 软件完成 4D、5D 施工模拟仿真，由 Navisworks 软件完成施工场地动态布置
质量方面	施工工艺不熟悉，施工方案未审批，设计图纸错误，施工错误等	工程模型建立后碰撞检查发现设计图纸错误，根据模型技术交底，模型上传项目管理平台，现场人员不用带图纸，只需上机在平台上观看模型
安全方面	监测缺乏有效手段，监理存在不作为的行为，缺乏安全施工方案等	将施工方案、监测数据等资料上传平台实现全员共享，监理发现问题后照相并上传到工程模型上

从以上分析可知，基于 BIM 技术规避深基坑工程质量、安全事故的基础是深基坑工程模型的创建。深基坑模型的创建是 BIM 技术应用的首要、核心问题和关键点。深基坑工程模型创建常用的软件是欧特克公司的 Revit 软件。

2. 基于 Revit 软件的深基坑工程模型的创建

下面以某工程为例创建深基坑工程模型。

1) 工程概况

(1) 深基坑土方开挖工程概况。本工程基坑支护对象为三层地下室，本工程正负零绝对标高为 20.00 m，场地自然地坪绝对标高为 19.000～20.000 m，总体为南高北低。整个基坑分为西区、东区两部分，其中西区开挖深度为 13.40～14.90 m，东区开挖深度为 15.65～17.60 m。基坑内塔楼坑中坑目前已知最深处与底板底标高相差达 3.2 m，基坑开挖面积 27 790 m^2，周长 700 m，坑深 H=13.40～17.60 m，土方量约为 420 000 m^3。

(2) 深基坑土方开挖流程。施工工程桩、CSM 水泥土墙、立柱→施工降水井→设坑外坡面及地表砼面层，并设好地表排水明沟及集水井→分层放坡开挖土体→施工冠梁及挡土墙→压顶梁强度达到 80%后，分区块挖土至支撑底→施工支撑梁→支撑梁强度达到 80%后，分层分块挖土至第二道支撑底标高→施工腰梁及第二道支撑→支撑梁强度达到 80%后，分层分块挖土至地下室底板底标高→人工边修土边设板垫层，并设好坑底集中排水→挖地槽至承台及地梁底标高，并立即设好垫层及砖胎模→设好二次支护措施，挖坑中坑土体至设计标高，并立即设好垫层→施工地下室结构底板及底板传力带→待地下室底板到达设计强度时施工楼板及楼板传力带→楼板及楼板传力带到达设计强度时，拆除支撑→分层回填夯实→向上作业；往复施工至地下室顶板。

以上开挖分层标高要结合内支撑标高来制定，按照设计要求，在施工过程中每一层每一次开挖深度不得超过 2 m，若该层深度超过 2 m，则应按不超过 2 m 的要求分层开挖。同时土方开挖时的基坑地下水位应保持在坑底下 1～2 m 处。

2) 准备工作

(1) 建立建模团队。本深基坑工程模型由项目经理领导的项目建模团队完成。建模团队成员及职责详见图 4-24。

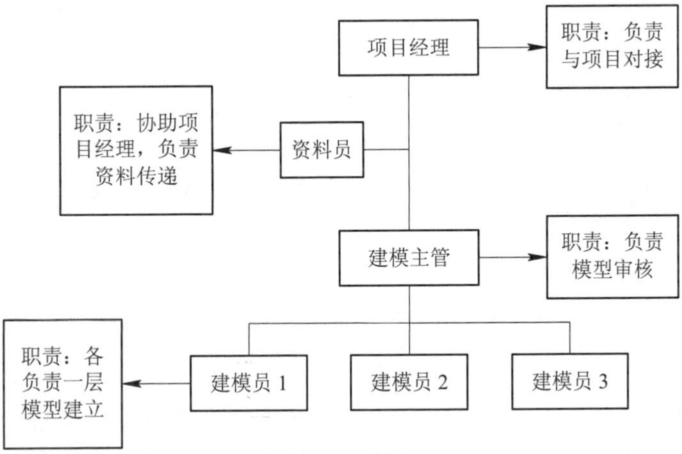

图 4-24　深基坑工程建模团队成员及职责

(2) 硬件要求。本次深基坑工程建模用的是 Revit2018 版，计算机核心硬件配置如表 4-4 所示，本配置也适用于常见的工程建设项目。

表 4-4　深基坑工程建模计算机核心硬件配置

核心硬件	基本配置	最低配置
操作系统	Windows 7 及以上，64 位操作系统	Windows 7 及以上，64 位操作系统
处理器	英特尔 i7(第 7 代及以上)标压或相当于英特尔 i7(第 7 代及以上)标压处理器	英特尔 i5 低压或相当于英特尔 i5 低压处理器
内存	8 G	4 G
显卡	4 G 独显	2 G 独显
主硬盘	128 G 固态硬盘 +1 T 机械硬盘	500 G 机械硬盘
显示器	双显示器	单显示器

注：基本配置适用于建模员正常开展 BIM 服务工作所需的计算机最低核心硬件要求；最低配置适用于教学、培训等学生学习所需计算机最低核心硬件要求。

3) 建立模型

(1) 创建标高轴网。由建模主管完成项目样板文件，然后再发给各建模员完成各个图元的绘制。在项目样板文件中最重要的是标高和轴网的绘制，其准确性决定了模型的正确与否。标高需在 Revit 立面图中绘制，轴网需在平面图中绘制，可逐根绘制，也可通过链接 CAD 二维平面图直接到 Revit 中再逐根绘制，后者效率更高而且不容易出错，建模员图元的绘制也需采用此方法。链接 CAD 二维平面图操作过程如图 4-25 所示。

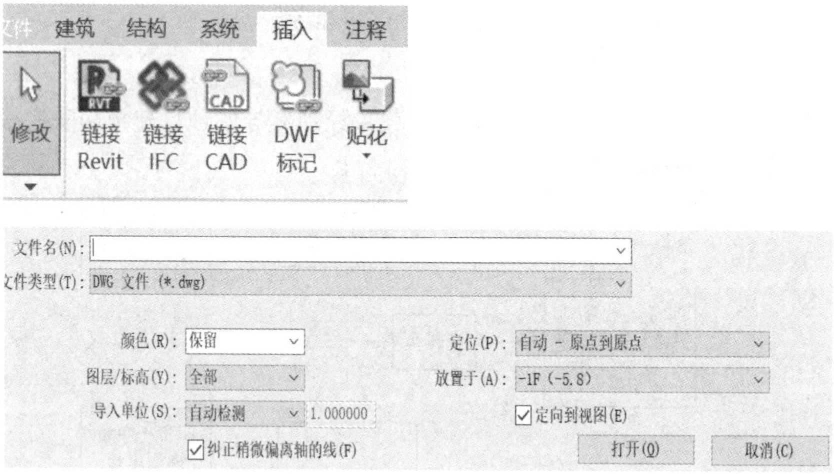

图 4-25　链接 CAD 二维平面图操作流程图

链接 CAD 二维平面图的注意事项如下：

① 由于设计院设计出来的图纸(平面图、立面图、大样图等)通常是放在一张 CAD 图上的，因此需先对各图纸进行分割导出，即写“块”，详见图 4-26。然后再将分割导出的图纸链接到 Revit 各楼层平面图中。链接进来后还需对该块进行设置，导入单位修改为毫米，比例系数设为 1.000 000，详见图 4-27。

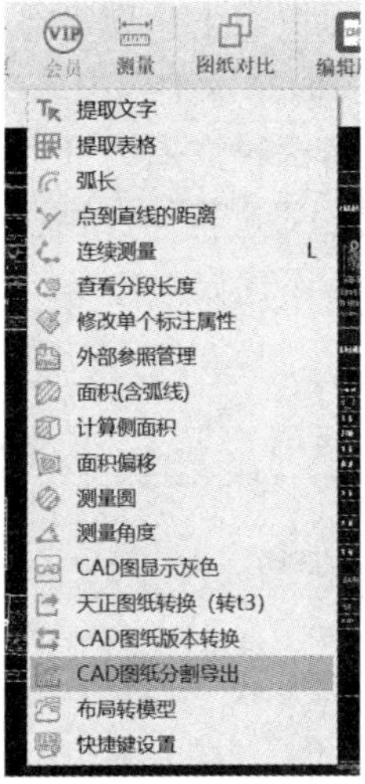

图 4-26　CAD 图纸分割导出为块

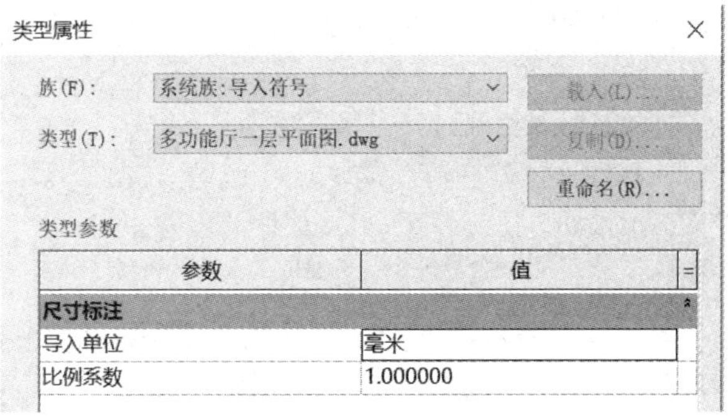

图 4-27　块的设置

② 标高、轴网绘制完成后务必锁定，详见图 4-28。否则如果轴网被移动，后面画在轴网上的图元(如柱、梁等)将全部错误。甚至还可设置将轴网点击选择不中，详见图 4-29，这样设置后将会更加的安全。

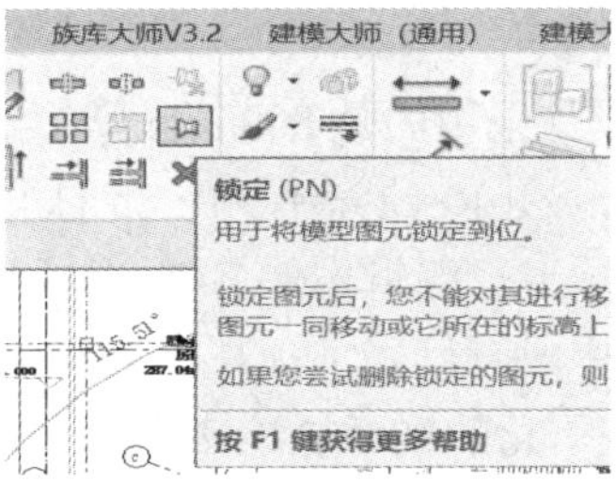

图 4-28　轴网(或其他图元)锁定设置

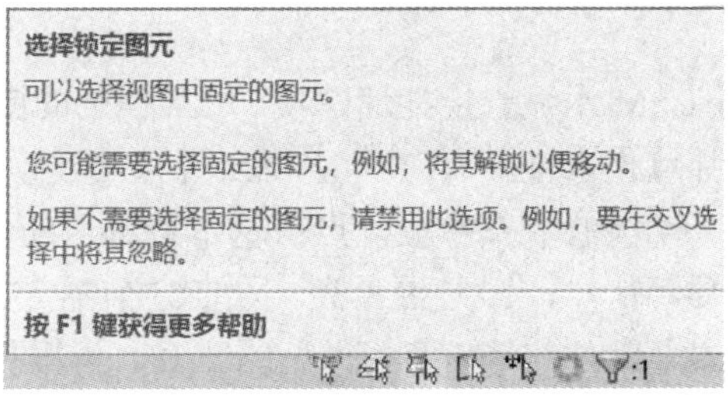

图 4-29　选择锁定图元

③ 在 Revit 插入功能选项卡中不仅有链接 CAD，还有导入 CAD，两者的区别是：链接 CAD 后，若 CAD 原文件发生修改，则链接在 Revit 中的 CAD 图会自动跟着修改；导入 CAD 则不会有这种情况发生，若 CAD 文件不做调整，也可选择导入 CAD。

④ 绘制轴网时若某层某根轴网不需要，只需将这根轴网在视图中设置隐藏，该设置是永久隐藏而非临时隐藏，如图 4-30 所示，切记不能删除，因为其他层的这根轴网将会一并被删除。

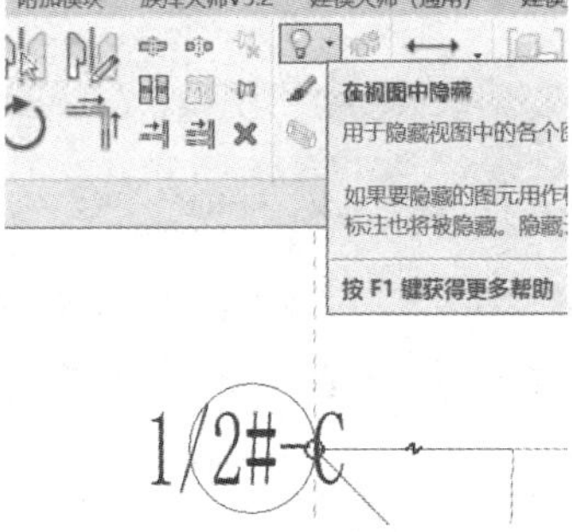

图 4-30　在视图中隐藏

(2) 制作构件族。族的制作可由建模主管在项目样板中完成，也可由建模员在建模过程中完成。在 Revit 中，族可分为系统族、可载入族及内建族。例如在本工程中，CSM 水泥土搅拌墙可用系统族墙，格构柱则需载入或内建。格构柱载入可通过族库大师中的公共族库搜索载入，详见图 4-31；内建时选择“公制结构基础”样板，通过拉伸、融合及旋转等命令完成族的制作。为了提高建模的效率，若能找到合适的族，不建议内建。

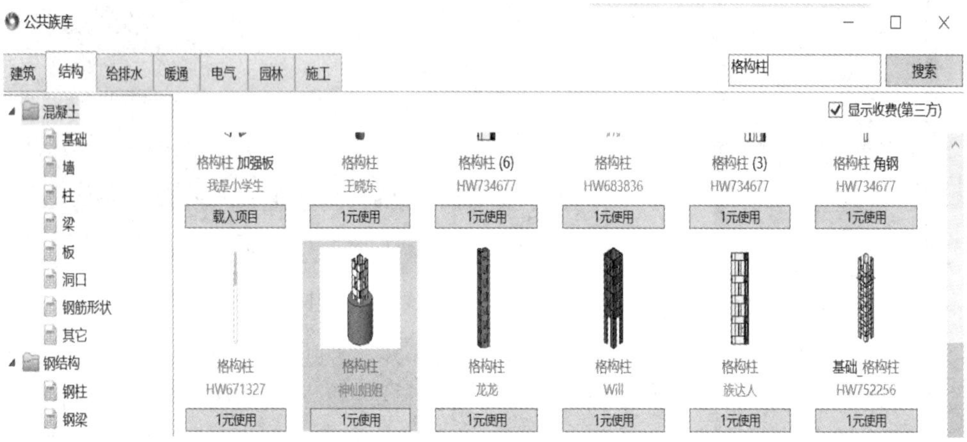

图 4-31　载入族

(3) CSM 水泥土搅拌墙建模。本工程中的围护结构设计采用的是 800 mm 厚的 CSM 水泥土搅拌墙止水帷幕。CSM 水泥土搅拌墙建模过程如下：用 Revit 软件中自带的系统族中的“墙”功能绘制基本墙，点击基本墙进入属性编辑选项卡，编辑构件名称、构件类型、构件材质等信息，详见图 4-32。绘制之前需先在选项栏中设置好底部标高、顶部标高、标高偏移量及定位线等信息，详见图 4-33。再根据 Revit 左下角的提示栏绘图完成 CSM 水泥土搅拌墙。

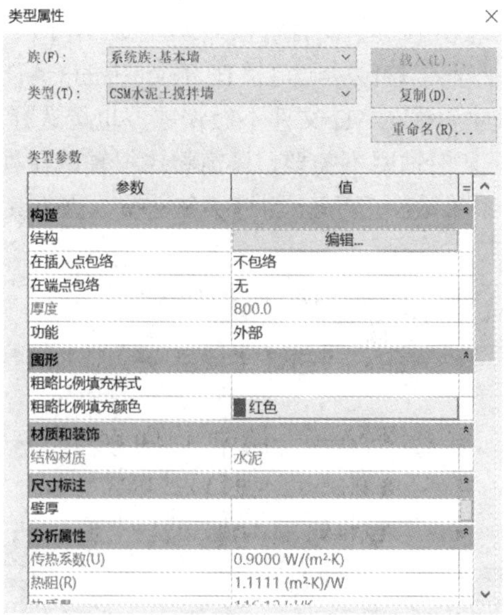

图 4-32　CSM 水泥土搅拌墙属性编辑

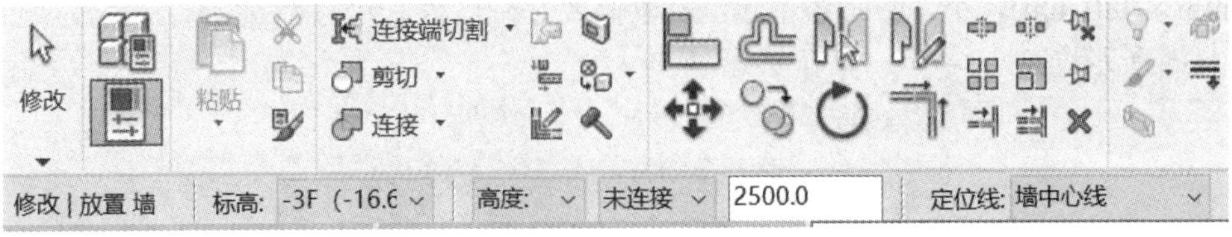

图 4-33 选项栏

(4) 钻孔灌注桩、高压旋喷桩、立柱桩建模。该深基坑工程中有钻孔灌注桩、高压旋喷桩、立柱桩，它们的绘制过程都类似，以钻孔灌注桩为例，本工程中钻孔灌注桩类型分别为 ϕ1000@1200、ϕ1300@1500，总数量为 515 根，混凝土强度等级为 C30。绘制钻孔灌注桩的过程如下：选择“插入”→“载入族”功能，选择之前建立的桩孔灌注桩族文件，选择“放置构件”命令，然后点击页面中需要布置钻孔灌注桩的位置进行布置，布置完成后双击图元打开属性编辑器，对所有信息进行一一添加即可，如图 4-34 所示。

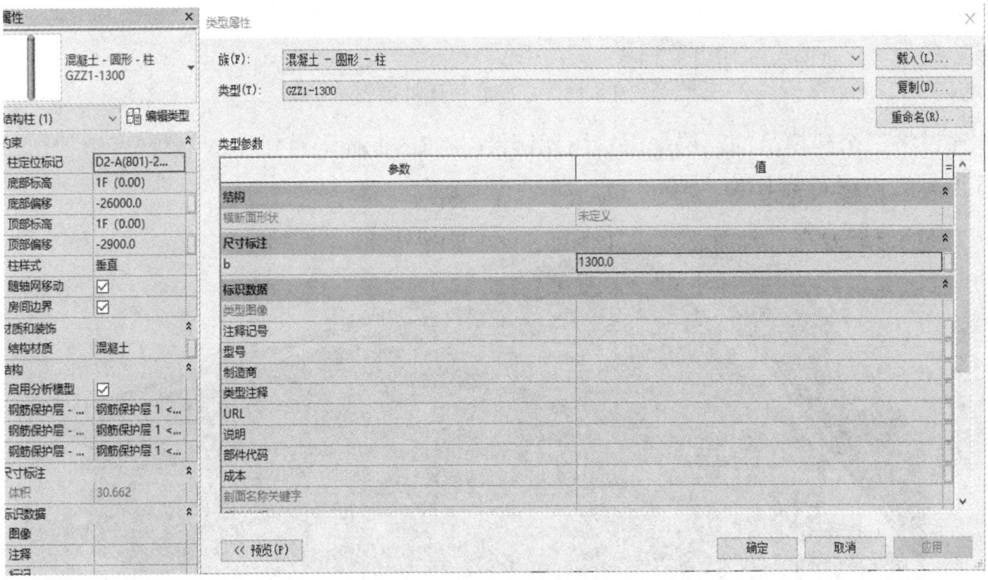

图 4-34 钻孔灌注桩属性编辑

在完成单根钻孔灌注桩的创建之后，因为桩的数量较多，采用阵列或复制功能可以快速绘制。本工程采用复制的方法对其余的钻孔灌注桩进行创建，选择“编辑”功能下的“选择性复制”，将创建好的钻孔灌注桩复制到其他需要的位置。

高压旋喷桩、立柱桩的绘制也如上述过程，本工程坑中坑部分采用 800@600 高压旋喷桩，共设计 305 根立柱桩，立柱桩采用桩径 800 mm 的 C30 混凝土灌注桩，桩底标高为相应基底标高−5.50 m。

(5) 混凝土内撑梁建模。混凝土内撑梁含 1300 mm × 1000 mm 的冠梁、1200 mm × 1000 mm 的腰梁及 2 道支撑梁。

在画支撑梁之前，需先画出基础底板，基础底板的下面是格构柱，然后再画支撑梁。这不同于地上部分的结构体系，在地上部分通常是梁放在柱上，而在本工程中，由于支撑梁较大(900 mm × 1000 mm 的主撑第一道、1050 mm × 1000 mm 的主撑第二道)、格构柱

(480 mm × 480 mm)较小，两者搭不起，所以需要基础底板来进行衔接。基础底板属性编辑如图 4-35 所示。

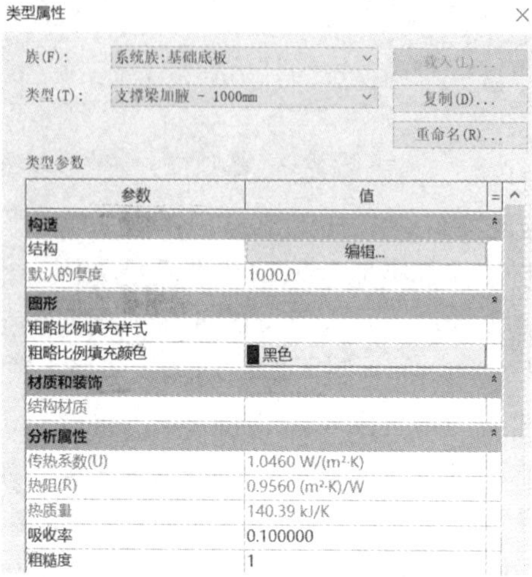

图 4-35　基础底板属性编辑

通过将三个建模员的三层地下室图元链接(在 Revit 插入链接 Revit)到一起，形成如图 4-36 所示的本深基坑 BIM 模型。

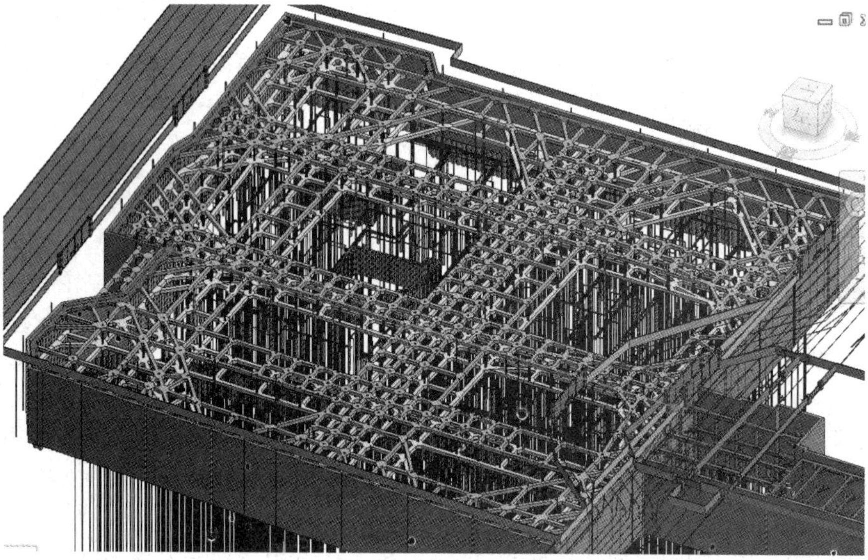

图 4-36　深基坑 BIM 模型

4.6　房地产开发项目施工管理实务

某栋高层房地产项目概况、做法、工期、月进度款及总平面布置图安排如下，请做出该栋高层房的施工组织设计，即完成该栋高层房的施工总平面布置图、WBS、施工进度安排、成本计划及质量计划等。

1. 工程概况

某栋 31 层高层，建筑面积 28 307.8 m^2，层高 2.9 m，人工挖孔桩基础，剪力墙结构。2012 年 4 月 8 日进场，5 月 1 日开工，计划于 2013 年 12 月 3 日交付。

该房按毛坯房标准交付，具体标准如下：

(1) 结构：剪力墙结构。

(2) 外墙面：建筑外墙面为外墙涂料饰面。

(3) 内墙面：

① 户内采用腻子饰面。

② 电梯前室及入户通道采用墙砖。

(4) 天棚面：

① 户内天棚为腻子刮白。

② 电梯前室及入户通道天棚采用装饰吊顶。

(5) 楼地面：

① 电梯前室及入户通道采用地面砖

② 户内楼厨房、卫生间地面为防水面层，其余为细石混凝土面层。

(6) 屋面：屋面瓦。

(7) 阳台、院馆围护：采用玻璃栏杆或砌体栏板。

(8) 门、窗：

① 进户门为品牌防盗门，户内只留门洞。

② 外墙门、窗采用塑料型材，双层中空玻璃。

(9) 空调位：每户均设置空调室外机位，空调冷凝水采用有组织排水。

(10) 电梯：选用品牌电梯。

(11) 给排水：水表按一户一表设置，给水接至厨房并预留接口；厨房、卫生间留设排水接口。

(12) 电：电表按一户一表设置，进户线接至户内配电箱，户内预留照明、开关、插座回路。

(13) 通讯：电话、网络、有线电视线缆进户内综合信息箱，户内预留电话接口、网络接口和有线电视接口回路(由业主自行申请开通)。

2. 主要分部工程构造做法

(1) 保温坡屋面：

① 彩色瓦屋面(8#铜丝挂瓦，1∶2.5 防水砂浆黏结)。

② 30 mm 厚 C20 细石混凝土找平层。

③ 挤塑聚苯板保温层，厚度 60 mm。

④ 1.5 mm 厚高弹防水灰浆。

⑤ 20 mm 厚水泥砂浆找平层。

⑥ 钢筋砼屋面结构板。

(2) 外墙保温砂浆涂料饰面：

① 高弹抗裂防水饰面涂料两遍。

② 柔性耐水腻子两遍。

③ 30 mm 厚保温砂浆。

④ 基层墙体清理。

(3) 住宅户内及消防楼梯间墙面：

① 两道内墙腻子找平，打磨。

② 20 mm 厚水泥砂浆。

③ 基层墙体。

(4) 厨房、卫生间墙面：

① 20 mm 厚水泥砂浆。

② 墙体。

(5) 电梯前室、入户处走廊及单元入户大厅墙面：

① 面层做法由专业装饰公司施工。

② 12 mm 厚，1∶3 水泥砂浆打底。

(6) 住宅户内及消防楼梯间天棚(不含厨、卫)：

① 两遍内墙腻子找平、打磨。

② 清水钢筋混凝土板底清理干净；弹线检测清水钢筋混凝土板底平整度，砂轮打磨模板缝，凿打超厚部分；对天棚找平厚度超过 10 ㎜以上的要求采取外墙腻子找平。

(7) 厨、卫天棚：

① 局部打点、找补。

② 清水钢筋砼楼板底清理干净。

(8) 电梯前室、入户处走廊及单元入户大厅天棚：

① 天棚吊顶由专业装饰公司施工。

② 钢筋砼楼板底及吊顶能隐蔽的梁不抹灰。

(9) 住宅户内楼地面(不含厨、卫)：

① 20 mm 厚细石混凝土找平。

② 涂刷素水泥浆一遍。

③ 钢筋砼楼板清理干净。

(10) 厨、卫楼地面：

① 回填及面层部分由业主二次装修。

② 1.2 mm 厚度通用型柔性防水灰浆。

③ 钢筋砼楼板清理干净。

(11) 消防楼梯间楼地面：

① 20 mm 厚细石混凝土找平。

② 素水泥浆一道。

③ 钢筋砼楼板清理干净。

(12) 电梯前室、走道楼地面：

① 面层做法由专业装饰公司施工。

② 钢筋砼楼板清理干净。

3. 分部分项工程工期要求

各分部分项工程最低工期要求如下：塔吊安装及场地硬化 5 天；基础工程 55 天；主体结构 7 天/层；施工垂直电梯安装 5 天；砌体工程至少在主体结构完成一半后才能插入，4 天/层，从下至上逐层进行；烟道安装 2 天/层，从下至上逐层进行；室内抹灰工程在砌体工程(是某层的砌体工程，不是指整栋楼的砌体工程)完后至少 15 天后才能进行，3 天/层，从下至上逐层进行；窗框 1.5 天/层，从下至上逐层进行；腻子工程在抹灰工程(是某层的抹灰工程，不是指整栋楼的抹灰工程)完后 15 天才能进行，室内腻子工程 2 天/层，从下至上逐层进行；消防立管安装 1 天/层，从下至上逐层进行；消防箱、风口百叶及风机安装 0.5 天/层，从下至上逐层进行；桥架安装、强弱放线及接线 15 天；公共区域地面砖 1 天/层，从下至上逐层进行；公共区域的墙砖在地砖铺贴完后 7 天才能开始施工，1 天/层，从下至上逐层进行；自来水管安装 10 天；装饰封板(包括安装应急照明灯、消防广播、报警及安全指示灯)0.5 天/层；防火、防盗门在墙砖粘贴完后 7 天才能开始安装，1 天/层，从下至上逐层进行；吊篮安装 5 天；外墙保温抹灰在砌体工程(是某层的砌体工程，不是指整栋楼的砌体工程)完后至少 15 天后才能进行，30 天/面墙，从上至下逐层进行；雨水、冷凝水立管安装及吊补 15 天/面墙；室内污水立管安装 15 天；室内污水立管吊补及防水工程 2 天/层，从下至上逐层进行；栏杆工程 15 天/面墙；室外腻子工程 20 天/面墙，从下至上逐层进行；室外涂料工程 15 天/面墙，从下至上逐层进行；吊篮拆除 5 天；天然气立管安装 20 天；地坪 1 天/层，从上至下逐层进行；屋面工程 150 天；施工电梯、搅拌机拆除 5 天；塔吊拆除 15 天；电梯安装 30 天；种植土回填、电缆沟、室外雨污水管道、自来水管道开挖及安装 15 天；绿化、硬质铺装及消防扑救面 20 天；消防验收 30 天；竣工验收 15 天。

由于场地、材料及管理因素，在主体结构施工时插入砌体工程，其工期至少 13 天/层而且不允许插入抹灰工程；由于施工垂直电梯因素，在砌体工程 4 天/层施工时室内插入抹灰工程，抹灰工程工期至少 8 天/层。

2013.2.7—2013.2.24、2014.1.27—2014.2.14 为春节，工地放假，其他时间正常施工；1 个月按 30 天计算。

4. 月进度款分摊表

本项目月进度款分摊表详见表 4-5。

表 4-5　月进度款分摊表

序号	分项	单方造价/(元/m^2)
1	基础工程费	111.00
2	砼及钢筋砼等结构工程	519.06
3	砌筑工程费	165.66
4	内墙抹灰	62.40
5	内墙腻子	4.80
6	楼地面工程	41.48
7	屋面工程	33.30
8	外墙保温、抹灰	73.54

续表

序号	分项	单方造价/(元/m^2)
9	外墙涂料	32.40
10	烟道工程	5.00
11	给、排水	49.50
12	电气	87.36
13	防水工程	19.81
14	门窗工程	107.56
15	栏杆工程	18.32
16	消防工程	35.79
17	装饰工程	36.98
18	电梯工程	60.78
19	园林工程	28.67
20	天然气工程	6.54
21	小计	1499.96

5. 施工总平图

施工总平图详见图 4-37。

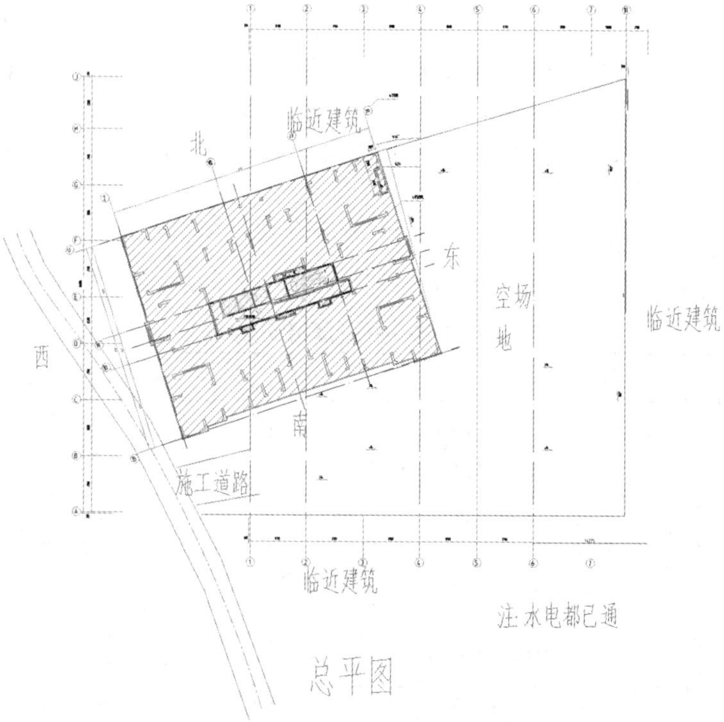

图 4-37 施工总平图

第 5 章　房地产开发项目后评价

本章主要对房地产开发项目后评价相关概念、特点、作用、方法以及评价指标的设置原则进行介绍，列举了经济效益、社会效益、环境影响评价的各项指标，并对综合效益评价的方法进行了讲述。

5.1　概　　述

5.1.1　后评价的概念

项目后评价(Post Project Evaluation)是指对已完成项目的目的、过程、效益、作用和影响所进行的系统、客观地分析；通过对项目活动实践的检查总结，确定项目预期的目标是否达到，项目规划是否合理，项目的主要效益指标是否实现的活动。通过项目后评价分析找出项目失败的原因，总结经验教训并通过及时有效的信息反馈，为未来新项目的决策和提高完善、投资决策、管理水平等提出建议，同时也为被评项目实施运营中出现的问题提出改进意见，从而达到提高投资效益的目的。

房地产开发与经营项目后评价是以房地产开发与经营项目为对象，对其经济效益、社会效益、环境效益以及顾客满意度进行的全面考核。

房地产开发与经营项目一般要经历三个阶段：产品形成阶段、流通阶段、使用阶段，这一连续的过程实际上是一个不断投入与产出的过程。在房地产开发与经营项目历经形成、流通、使用三个阶段之后，站在不同的角度，对房地产开发与经营项目的目的、决策、实施过程、效益、作用与影响等过程进行系统、客观、全面地分析和总结，就是房地产开发与经营项目后评价。

房地产开发与经营项目后评价对房地产业、建设主管部门乃至全社会来说，都是一件十分有意义的工作。伴随着我国建设经济体系的逐步完善，投资者和开发商们对房地产项目在工期、质量、花费等方面要求的日渐提高，房地产开发与经营项目后评价也越来越受到建设方和投资方的重视，其理论研究与应用研究就越发显得重要。房地产开发与经营项目后评价的关键是确定恰当的评价指标，建立合理的评价体系，定量与定性相结合，判断实际情况和计划的差距，找出问题，有效反馈信息。如今，在我国房地产开发项目中，后评价仍然存在诸多问题。例如开发商对后评价的重视程度不够，许多来源于开发与经营实践工作的数据资料没有得到及时整理和收集利用，造成后评价的资料收集整理有难度，评价体系不够完善。许多房地产企业在进行新项目决策时，就出现了数据不够，材料不足、经验无法把握等问题。还有部分房地产企业只进行评价而缺少评价结果的学习和使用等，所以应该以后评价为理论基础，从充分认识后评价的作用和重要性，建立和完善后评价指标体系，建立后评价结果的学习和使用机制等方面，找出对应的解决方案。

5.1.2 后评价的特点

1．科学可信

后评价小组的资质和实力决定了后评价的质量，高质量的后评价可以得到大众的认可。评价小组的独立性和经验，以及所评项目资料信息的可靠性和评价组织方法等条件为项目后评价提供了科学性保证，同时也是项目成功经验和失败教训可信性的一个重要标志。

2．公正独立

房地产开发与经营项目后评价的公正性与后评价小组职业道德密切相关，后评价的公正性可以有效避免后评价小组在发现问题、分析问题和得出结论时有意回避问题，对失败原因轻描淡写，做出不客观评价。

3．公开透明

为保障后评价的公开透明，可以由社会大众监督，提高管理者和决策者的责任心。因为后评价是对决策者的决策失误原因进行分析，这些失误数据往往具有公众性，对投资者有一定的指引作用。透明度越大，越能使管理者自觉地借鉴过去的经验教训。

4．简明实用

后评价报告的文字要简练明确，避免使用过多专业术语。而且报告要有实用性，要保证其实效和重点的突出。

5．反馈控制

后评价的信息反馈能够提高后续项目的决策水平。对已经投入运营的项目进行评价，将项目决策正反两方面的经验教训及时反馈到项目投资决策方，作为后续相关决策的依据。

5.1.3 后评价的作用

房地产开发与经营项目后评价不仅可以对项目的执行情况进行总结，还可以提升房地产开发企业的决策水平和管理水平。其作用主要有以下五个方面：

(1) 房地产开发与经营项目后评价有助于国家更好地决策。通过房地产开发与经营项目后评价，可以发现国家在宏观经济管理中存在的问题，及时作出调整。即国家可从宏观角度，发现项目立项是否符合宏观发展战略、产业政策、行业布局等，如发现问题，及时进行调整并做出相应的政策反应。此外，国家还可根据后评价提供的数据修正某些不正确或过期的国民经济参数。

(2) 房地产开发与经营项目后评价有利于提高项目决策水平。因为房地产项目开发周期长，存在许多不可预见因素，具有很大风险。而房地产后评价是在建设项目投入使用后的管理经营活动中进行的，许多评价参数来源于实际，评价结果更加真实，所以项目实施的效果如何、是否达到预期目标、规划设计是否合理、项目的主要效益指标是否得到实现等问题都可以通过项目后评价得到检验。

(3) 房地产开发与经营项目后评价有利于提高项目管理水平。房地产项目从最初获得土地使用权到最后交付使用，经过许多环节，涉及施工单位、监理单位、房地产咨询、设计单位、政府等专业机构。通过房地产后评价，可以加强部门间的沟通，减少不必要的工作程序，提高工作效率，完善项目管理水平，使项目的建设和经营更加顺利。

(4) 房地产开发与经营项目后评价有利于提高项目的经营水平。在房地产经营过程中，大多数人只是产业链上的一点，不可能全面了解参与房地产开发与经营项目的全过程。通过房地产开发与经营的后评价，不仅可以检验、比较房地产前期和后期经营管理水平，对比投产初期和生产时期的实际情况，查看实际状况与预测状况的偏离程度，探索偏差原因，切实提高项目的效益，而且可以使每一位参与者清楚地看到房地产开发与经营的全过程，形象感知经营管理的成败关键，总结经验教训，增强责任感，努力做好经营管理工作，提高项目预测的准确性、合理性。

(5) 房地产开发与经营项目后评价可指导其他在建或新建项目的顺利进行。房地产开发与经营是一个复杂的过程，土地使用权的获得、前期咨询、规划设计、建设施工、营销管理等，在这个过程中有许多建设和经营管理的经验值得借鉴。通过房地产开发与经营项目后评价，可以分析项目实施的实际效果，找出问题，提出解决方案，减少失误，总结经验教训。还可以针对问题的出现，明确参与者的责任。督促他们认真做好前期工作，寻求更好的决策和发展，通过房地产开发与经营项目后评价，总结经验教训，反馈信息并提出建议，指导其他在建或新建项目的顺利进行。

5.1.4 后评价的方法

房地产开发与经营项目后评价总体上要坚持定量分析与定性分析相结合的原则。其主要方法有以下五个。

1. 对比分析法

对比分析法是项目后评价的基本方法，分为前后对比法和有无对比法两种，前后对比法是将项目可行性研究和评估时的一些预测性成果与项目竣工投产运行后的一些实际成果进行对比，找出差距，分析原因。有无对比法就是将项目建成后的情况与不建该项目时可能发生的情况加以对比，以此来衡量本项目存在的意义、影响，对比的重点主要是分清项目本身的作用和项目以外的作用。

这两种对比方法的缺点很明显，适用范围也很有限。前后对比法的缺点主要体现在不能够排除项目以外的各种因素，例如项目各主体素质的差异，项目所在地第三方接受普查的群众素质等等。所以如果只简单使用前后对比法，很难得到项目效果的客观真实结论。在有无对比法中，没有该项目的情况是一种假设，其相关数据都是预测出来的，可信度较低。因此对比分析法只能通过对比来发现各个显著指标的差距，无法对这种差异形成的具体原因进行分析，评价者还必须深入分析差距产生的原因。

2. 单指标评价法

单指标评价法是指把某个效益指标与该指标相应的对比标准进行比较，来达到评价的目的，制定指标的对比标准有两种方法：一种是定额法，可参考国家对项目效益特征的定额要求，进行对比分析之后制定房地产企业应达到的效益标准。另一种是同类比较法，以外单位同类开发与经营项目的相应指标或本企业以前开发与经营项目的相应指标为标准，进行一定的系数调整之后制定企业应达到的效益标准。

3．综合评价法

综合评价法是指把项目整个评价指标体系中的所有指标加以综合，采用一系列方法，形成一定的参数或指标，进行项目效益横向和纵向对比的方法。

反映房地产开发与经营项目效益的指标是多方面的，有反映盈利状况的利润及利润率指标；有反映成本状况及资源占用状况的指标；有反映工作量及工程数量的指标等。即使同为利润率指标，还可分为企业日人均利润率、销售利润率、资金利润率等。这些指标，都从不同角度反映了房地产开发与经营的经济效果。在某一个房地产开发与经营项目完成之后，对其投入与产出的比较，往往难以从个别指标中作出结论，一般都要同时兼顾生产、流通、服务等各个领域，同时考虑数量、质量、价值量，还要研究项目的经济效益、社会效益以及对环境的影响程度等，将这些因素用指标的形式加以综合，正确处理各个指标之间的关系，建立一套科学的分析方法，方能对项目进行全面的考核。

4．逻辑框架法

逻辑框架法是美国国际开发署(USAID)提出了一种评价方法，它的基本思想体系是将项目的目标及其因果关系分为四个层次，将这四个层次形成三个垂直和水平逻辑关系，从而形成一个目标体系。

由于逻辑框架法的应用对信息的采集要求较高，需要较为详尽的数据库，而我国后评价工作开展的范围还相对较小，进展比较缓慢，所以到目前为止，逻辑框架法暂时不是我国进行项目后评价工作所采用的主要通用方法。

5．成功度评价法

成功度评价法属于定性分析和定量分析相结合的评价方法，也叫打分法。它的操作步骤是：第一步，成立专家组，选择在本专业领域有着较深研究，并且对项目较为熟悉的人士进入专家组。第二步，建立指标体系，对确定的指标进行客观的赋权工作。第三步，发放调查问卷，各位专家根据自己的认识和理解对项目的评价指标给出自己的看法，并打出相应的分数。

成功度评价法最大的缺陷就是主观因素过多。各位专家由于个人经历和对事物的理解各有侧重，对评价对象的打分受主观因素的影响较大，得出的结论往往会带有片面性。

5.2 房地产开发项目综合效益评价

5.2.1 经济效益评价指标

经济效益评价是指从房地产企业或单位出发，对该项目经济状况进行评定，看其在经济方面是否合理，合理程度如何。

项目的经济效益评价是项目后评价的重要组成部分，包括财务评价和国民经济评价。经济效益评价是对后评价开始以前各年度中项目设计发生的效益与费用进行核实，并对后评价开始以后的效益与费用进行重新预测。在此基础上，计算评价指标，对项目的实施效果加以评价，并从中找出项目中存在的问题及产生问题的根源。

房地产开发与经营项目经济效益评价指标的选择要求能够全面、客观地反映企业经济效益情况，对于房地产项目，由于房地产开发企业和房地产经营企业经济活动的内容与形式均不同，所以应该取不同的指标体系。

1. 房地产开发企业经济效益评价指标

1) 工程成本指标

工程成本指标主要包括：

(1) 总造价：某项目的投资总额。

(2) 单位造价：项目总造价与建筑面积的比值。

(3) 户均造价：工程总造价与居住总户数的比值，这个指标适用于住宅开发。

(4) 可售单位面积造价：工程总造价与可售建筑面积的比值，这个比值越大，房地产开发企业获得的利润就越高。

2) 租售能力指标

租售能力指标主要包括：

(1) 项目开发总利润：项目总收入扣除项目总支出后的数值。项目开发总利润直接反映项目为企业所取得的总盈利水平。

(2) 全部投资利润率：房地产开发项目的利润总额与项目全部投资的比值。

(3) 自有资金利润率：房地产开发项目的利润总额与自有资金投资的比值。由于房地产开发涉及金额大，房地产开发企业大都通过银行贷款的方式来获得资本，且采用的是“借鸡生蛋”的投资策略，因此较高的自有资金利润率才是企业追求的真正目标。

3) 工程进度指标

工程进度指标主要包括：

(1) 建设工期：房地产开发项目从计划筹建到竣工验收并全部交付使用的全过程所花费的时间。建设工期反映了项目的建设速度，它的缩短既能减少资金的占用，又能提前获得使用效益，反之则会使企业蒙受经济上的损失。

(2) 项目建设总工期计划完成程度：项目实际总工期与计划总工期的比值。该指标反映实际工期与计划工期的比较情况。这个比值越小，项目的完成度越好，对企业越有利。

4) 工程质量指标

工程质量指标主要包括：

(1) 开发工程质量优良率：质量评定为优良的建筑面积与竣工建筑面积的比值。这个比率越大，表示建筑物的质量越好。质量好不仅能延长建筑物的使用寿命，也能减少使用过程中的维修费用，给使用者带来良好的感受，提升项目的社会效益。

(2) 房屋返修率：返修的建筑面积与竣工建筑面积的比值。这个比率越小，表示建筑的返修程度低，建筑质量越好。

2. 房地产经营企业经济效益评价指标

1) 营业利润

营业利润是指企业有目的地从事房地产经营所获取到的利润，是企业利润的主要部分。房地产经营企业的营业利润的计算公式如下：

营业利润 = 经营利润 + 其他业务利润

其中：

经营利润 = 经营收入 – 经营成本 – 销售费用 – 经营税金及附加费 – 管理费用 –
财务费用其他业务利润 = 其他业务收入 – 其他业务支出

2) 投资净收益

投资净收益是指企业对外投资收入减去投资损失后的余额，包括对外的长期投资与短期投资。

3) 经营成本降低额及经营成本降低率

经营成本降低额是指实际发生的房地产经营成本与前期经营总成本的差额。经营成本降低率指的是经营成本降低额与前期经营总成本的比值。对经营成本减少指标的衡量有利于对房地产企业分析其经营管理过程中的成本并进行控制，采取相应的措施来减少资金的占用，提高资金的利用率。

4) 房屋销售利润

房屋销售利润是指房地产经营企业销售房屋和提供相关服务的主要经营收入扣除其成本、费用、税金后的利润，这一指标适用于以房地产经营为主要内容的房地产企业。

5.2.2 社会效益评价指标

从社会发展观点来看，项目的社会影响是指项目对国家或地方发展目标的贡献和影响，包括对项目本身和周围地区的影响，主要内容有就业效果的影响、居民的生活条件和生活质量的影响等。

社会效益评价是指在房地产开发与经营项目完成后，对该项目的宏观经济效果的分析与评价。本书以住宅开发项目为主要对象，讨论社会效益指标体系的设置。

1. 国民经济指标

国民经济指标是指反映开发项目给国民经济带来直接和间接效果的指标，可供参考的指标有以下四个。

1) 项目开发总值

项目开发总值是指房地产开发企业在项目上完成的以价值表现的开发总量，它综合反映了项目的全部生产规模、水平和为社会提供商品建筑使用价值的成果。其计算公式为：

项目开发总值 = 各单位工程竣工总产值 + 辅助生产产值 + 开发运输产值 + 其他开发产值

2) 项目开发净产值

项目开发净产值与项目开发总值不同，它仅反映开发建设过程中所创造的价值部分，而非开发项目的全部价值，它是衡量开发项目对国民经济影响程度的重要指标。其计算公式为：

项目开发净产值 = 利润 + 税金 + 工资总额 + 职工福利基金 + 利息支出 + 其他

3) 项目利税总额

项目利税总额是指整个开发项目上交给国家财政或政府主管机关的税金(费)与留给企业的利润之和的总额。它标志着项目对国家财政贡献的大小。

4) 项目投资利税率

项目投资利税率是指开发项目实现的利税总额与总投资的比率，它从国民经济角度反映了国家国民经济的投资效率。

2. 劳动就业指标

房地产开发与经营项目的参与人员之多，是其他项目所不能比拟的，该项目的建成与使用将为社会提供大量的劳动岗位，如施工岗位、销售岗位、物业管理岗位等，为缓解社会就业压力做出一定的贡献。

劳动就业水平可用劳动就业率、项目劳动就业率等相关指标来衡量。

劳动就业率是指全部就业人口占总人口的比例。在经济比较发达、人口再生产进入稳定型的国家，劳动就业率一般保持为 40%～50%。

房地产开发与经营项目劳动就业率是指本项目的就业人口与区域总人口的比率。该比率直接反映房地产开发与经营项目在劳动就业这方面的社会效益。

3. 居住水平指标

与发达国家相比，我国居民的居住水平较低，人均居住面积不足，尤其在人口密度较大的大城市，居住需求与住宅总供应量这一矛盾显得更为突出。房地产住宅开发为居民提供了住房，满足了人们日益增长的住房需求，因此居住水平指标从另一角度反映了房地产开发与经营项目给社会带来的效益。

可供参考的居住水平指标有：

(1) 项目实质安置的居住总人数：整个住宅开发项目交付使用后实际安置的居住总人数。

(2) 项目实质安置的居住总户数：整个住宅开发项目交付使用后实际安置的居民总户数。

(3) 项目实质安置的居民净增总人数：项目实质居住总人数与拆除的旧居住区内居住人数的差值，它反映项目为整个社会提供净增的居住人数。

(4) 项目实际安置的居民净增总户数：项目实际居住总户数与拆除的旧居住区内居住总户数的差值。

(5) 住宅开发总建筑面积与原有面积对比值：项目的总建筑面积与拆除的旧居住区建筑面积的比值。

4. 交通便捷指标

居住者总是要在居住区、工作地点、购物区域之间移动，移动效率的高低反映了居住区的交通便捷程度。交通便捷程度高的居住区社会资源耗费少，如交通费用支出少，汽车尾气排放量少。从这一点来看，房地产住宅开发区的交通便捷程度反映了项目给社会带来的效益高低。交通便捷程度的指标主要包括以下两类：

(1) 住宅区内部交通便捷程度指标体系：包括住宅内楼梯、电梯、楼道、坡道等交通联系部分的便捷程度。

(2) 住宅区外部交通便捷程度指标体系：包括上下班、购物、上学、托幼、外出乘车的便捷程度。

5. 安全耐久指标

住宅开发不仅要保证居民正常情况下的生命安全，还要考虑在发生特殊情况时的安全，如防火、防震、防空、交通安全等，应针对这些因素选择合适的指标进行评价。

以防火安全的指标为例，住宅在开发时要认真执行国家有关部门制定的防火规范，除了在室内设置必要的灭火设施外，还需要在室外设置消火栓，每个消火栓的服务半径为150米，因此可以按灭火设施的个数、设置方式来制定指标进行评价。另外，还可以选择住宅间距作为防火的评价指标之一。在住宅区规划中关于防火间距的规定如表5-1所示。

表5-1　民用建筑防火间距的规定　　m

耐火等级	一、二级	三级	四级
一、二级	6	7	9
三级	7	8	10
四级	9	10	12

6. 居住区卫生指标

住宅区的卫生情况直接与居民的健康及居住舒适度相联系，居住区卫生指标包括以下三个。

1) 饮用水的标准

饮用水是人类生存不可缺少的要素，与人们的日常生活密切相关。生活在城市里的居民，饮用水是由自来水公司集中供给的。一般而言，水质的好坏取决于集中供水的水质质量，个人是无法选择的。为了确保能向居民提供安全和卫生的饮用水，我国卫生部颁布了《生活饮用水卫生标准》，它是一部关于生活饮用水安全和卫生的技术法规，在保障我国集中式供水水质质量方面起着重要作用。

控制饮用水卫生与安全的指标有以下四大类：

(1) 微生物学指标。饮用水中的病原体包括细菌、病菌以及寄生型原生动物和蠕虫，其污染源主要是人畜粪便。我国《生活饮用水卫生标准》中规定的指示菌是总大肠菌群，另外，还规定了游离余氯的指标。

(2) 水的感官性状和一般化学指标。我国的饮用水标准规定，饮用水的色度不应超过15度。也就是说，饮用水一般不应有能用肉眼察觉到的颜色，应无异常气味和味道，呈透明状，不浑浊，无用肉眼可以看到的异物。其他和饮用水感官性状有关的化学指标包括总硬度、铁、锰、铜、锌、挥发酚类、阴离子合成洗涤剂、硫酸盐、氯化物和溶解性总固体。这些指标都能影响水的外观、气味等，因此《生活饮用水卫生标准》规定了这些指标的最高允许限值。

(3) 毒理学指标。为保障饮用水的安全，确定化学物质在饮用水中的最大允许浓度是十分必要的。在我国《生活饮用水卫生标准》中，共选择了 15 项化学物质指标，包括氟化物、砷、硒、汞、镉、铬、铅、银、硝酸盐等。这些物质的限值都是依据毒理学研究和人群流行病学调查所获得的资料而制定的。

(4) 放射性指标。在《生活饮用水卫生标准》中规定了总 α 放射性和总 β 放射性的参考值，当这些指标超过参考值时，需进行全面分析和处理，以确定饮用水的安全性。

2) 垃圾收集与处理

垃圾通过分类收集后处理起来会更为方便，因此进行垃圾分类是保持垃圾焚烧厂正常运转的一个重要措施。实践证明，环卫工作在处理居民已分类过的垃圾时效率更高。

垃圾处理是一个系统工程，每个环节都不可忽视。目前，城市垃圾处理最主要的方式是填埋，其处理量约占全部处理量的 70%；其次是高温堆肥，约占 20%以上；焚烧量甚微。垃圾收集是否分类，是否定点，是否按时，以及垃圾处理方式等都是衡量住宅环境卫生水平的重要指标。

3) 公共环境卫生的保持

一般来说，每个城市都会制定相应的城市公共环境卫生条例，包括城市市容、城市环境卫生设施、城市环境卫生管理、法律责任等，住宅区的公共环境卫生评价也可以从这几个基本点出发，选择相应的指标进行衡量，如道路清洁程度，绿化是否定期维护，休闲娱乐设施是否定期保养，停车管理是否到位等。

房地产开发与经营项目的社会效益评价内容极为广泛，定性指标多，定量指标少，应该结合不同项目特点及产生的外部效果的不同来选择指标，充分考虑定性指标的合理化问题，从而建立合适的指标体系，从宏观上对项目的效益进行评价。

5.2.3　环境影响评价指标

项目的环境影响评价是指对照项目前期评价时批准的环境影响报告书，重新审查项目环境影响的实际结果，审查项目环境的决策、规定、规范、参数的可靠性和实际效果。环境影响评价包括项目的污染控制、对地区环境的影响、对自然资源的保护与利用、对区域生态平衡的影响和环境管理能力等。

房地产项目的广泛社会联系性决定了项目对周围地区环境的影响是巨大的，项目的环境影响评价就是站在可持续发展的角度上分析项目与整个社会环境发展之间的关系。环境影响评价是房地产开发与经营项目综合效益评价的重要组成部分，也是工作难度最大的一部分。环境问题随着经济、社会的发展在不断发展，人们对环境认识的方法也在不断深化、完善，如何建立房地产开发与经营项目的环境影响评价指标体系，国内尚无统一标准，可参考以下环境影响指标体系，有针对性地选取适用指标，或根据项目内容的不同，在以下指标的基础上进行调整使用。

1. 污染控制指标

1) 大气污染

大气污染是指空气中污染气体和物质达到了有害浓度。这些有害物质和气体主要来自工厂和冬天取暖用烧煤，应根据我国大气污染环境标准进行指标设置。

2) 声环境和视环境

声环境和视环境是指噪声强度、居民视线的干扰程度以及外装修所带来的光污染程度等。

3) 废水、废渣的处理

废水、废渣处理是指房地产开发与经营项目施工及使用时所产生的废水、废渣的处理应符合城市环保部门的相关规定，应用合适的指标对此进行衡量。

2. 环境条件指标

环境条件指标的设置与项目内容直接相关，可将这部分指标分为内部环境条件指标和外部环境条件指标。

1) 内部环境条件指标

以住宅小区为例，内部环境条件指标用来衡量住宅内部环境的舒适度，包括住宅面积、绿化面积、容积率、隔声、隔热、日照、通风、用水、环境艺术设计等。

2) 外部环境条件指标

外部环境条件指标用来衡量项目外部环境条件的优劣性，包括建筑密度、市政设施的完善程度、公共建筑的设置、绿地、公共活动面积及外部环境艺术设计等。

3. 对自然资源的保护与利用

自然资源和生态环境是任何国家经济和社会发展的基石，人类基本生活需要的供养以及现代化建设所需的一切原材料，无不源自大自然。自然资源并非取之不尽、用之不竭，自然环境对人类废弃物的吸纳、净化也是有限的，以浪费资源和牺牲环境为代价的发展是不可能长久的。例如，在农村的开发建设中房地产会占用农业用地，减少了耕地面积；在郊区楼盘的开发建设中对植被、土壤会造成破坏；生产有毒化工产品的工厂建成投产后，会威胁周边居民的健康等；这些项目的开发建设都会对自然资源造成破坏，对生态环境造成影响。

环境条件指标和对自然资源的保护与利用指标的设置可根据实际情况进行考虑。环境影响评价应对以上各类指标的投入与产出进行清单分析，这些投入包括对自然资源的利用以及对空气、水体、土壤的污染排放等。在此基础上，运用清单分析的结果，采用一定的换算模型将清单分析的数据转换成可比较评价的指标，从而对项目各个阶段所涉及的所有直接或潜在的环境影响做出进一步的分析和评价。环境影响评价的深度和方法取决于研究的内容、目标和范围。

总的来说，项目的经济效益、社会效益和环境影响三者之间既相互促进，又相互制约。

5.2.4 综合效益评价

综合效益评价是房地产开发与经营项目经济效益、社会效益和环境影响效益评价的综合。

经济效益、社会效益和环境效益是矛盾的统一体。以住宅开发为例，如果增加公共辅助设施，如购物街、健身中心等，就增加了居民的方便程度，使得社会效益增加，但是开发成本增加，经济效益减少；如果减少绿化面积，增加容积率，则经济效益增加，环境影响变差。从另一角度来考虑，如果提高住宅小区内的绿化面积，美化居住环境，则方便居民生活，楼盘品质得以提升，这样即可以吸引更多的消费者，又可以增加项目的经济效益。因此在进行综合效益评价时需要对经济效益、社会效益、环境影响进行全面考虑，从而全面、系统地进行评价。

综合效益评价方法有很多种，有评价函数法、层次分析法、修正理想点法等等，这些方法的运用需要数学工具的辅助，过程比较复杂，这里就不一一介绍了。

1. 构建综合效益评价指标体系

选定用来构造评价函数的指标体系时，要求能够全面、客观地反映房地产开发与经营项目的经济、社会和环境影响效益情况。下面以住宅开发为例，构建综合效益评价指标体系，如图 5-1 所示。

图 5-1 中的三级指标体系在实际评价过程中还要细分为第四级甚至第五级指标，然后按一定的方法收集指标数据，对定性的指标还要采取一定的量化方法进行处理。收集数据时应特别注意指标值的真实性。

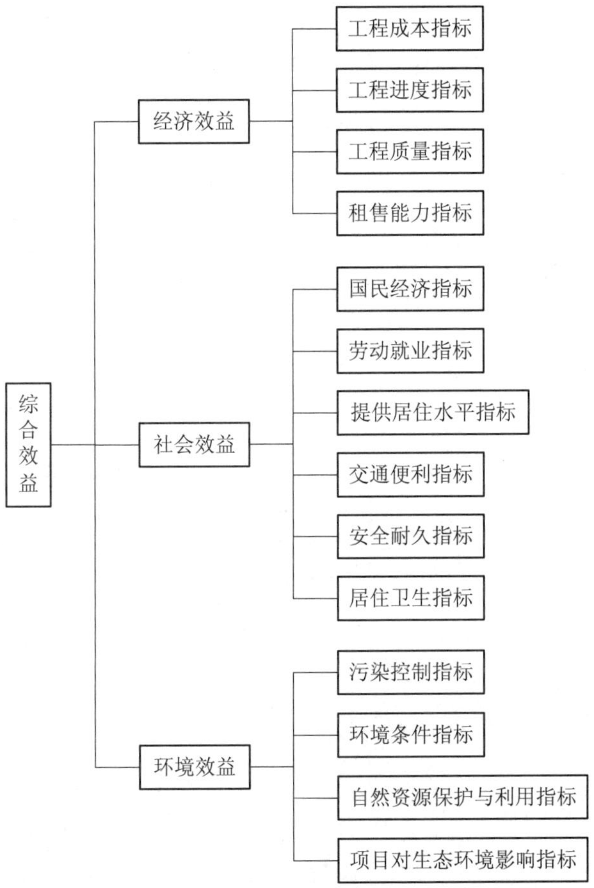

图 5-1　住宅开发综合效益评价指标三级体系

2. 确定反映各指标影响程度的权重系数

权重系数 W_i 用来反映各因数在综合效益评价分析中的地位，它满足归一化的条件，即

$$W_1 + W_2 + W_3 + \cdots + W_n = 1$$

权重系数对评价结果影响很大，W_i 的取值比较困难，没有统一的标准，一般按实际经验和部门要解决的实际问题确定。按实际经验，对影响综合效益较大的指标，如经济效益中的成本降低额、自有资金利润率等，取较高的权重系数；按本部门要解决的重点问题，如工程质量问题、建设工期问题等，可相应加大有关指标的权重系数。

参 考 文 献

[1] 陈林杰，梁慷. 高职高专、应用本科房地产开发与经营课程标准研究[J]. 教学改革，2015，(20)：196.

[2] 朱腾飞. 房地产融资渠道现状与未来展望及其金融风险分析[J]. 中国水运，2007，(5)：24.

[3] 王珊. 路在何方：我国房地产业融资渠道探求[J]. 时代商贸，2008，(105): 92-93.

[4] 张旭. 房地产融资的十二种途径[J]. 西部论坛，2006，(4)：47-50.

[5] 曾姝，廖静. 创新房地产融资方式的思考[J]. 价格月刊，2008，(372): 44-46.

[6] 赵海鸥. 房地产企业开发建设项目环境影响评价重点分析[J]. 企业论坛，2015，(10)：42-43.

[7] 黄正. 我国大型房地产企业融资渠道研究[D]. 重庆：重庆大学，2007.

[8] 胡素兰. 房地产项目风险管理研究[D]. 苏州：苏州大学，2010.

[9] 夏进. 房地产项目环境影响评价体系研究[D]. 大连：大连理工大学，2015.

[10] 张莹. 我国房地产融资渠道研究[D]. 北京：北京工商大学，2009.

[11] 徐春琦. 新形势下我国房地产开发经营模式研究[D]. 杭州：浙江工业大学，2014.

[12] 单连德. 我国房地产企业融资模式研究[D]. 哈尔滨：哈尔滨工业大学，2006.

[13] 吕萍，等. 房地产开发与经营[M]. 4 版. 北京：中国人民大学出版社，2015.

[14] 王璞. 财务管理咨询实务[M]. 北京：中信出版社，2004: 1-64.

[15] 高晓晖. 房地产开发与经营[M]. 上海：上海财经大学出版社，2010.

[16] 郭斌. 房地产开发与经营[M]. 西安：西安交通大学出版社，2010.

[17] 谭术魁. 房地产开发与经营[M]. 2 版. 上海：复旦大学出版社，2011.

[18] 余源鹏. 房地产公司招标采购管理宝典：材料设备、勘察设计、施工监理、咨询代理招标采购指南[M]. 北京：化学工业出版社，2015.

[19] 赖一飞. 房地产开发经营管理学[M]. 武汉：武汉大学出版社，2008.

[20] 周小平. 房地产开发与经营[M]. 北京：清华大学出版社，2014.

[21] 杨爱华. 房地产开发与经营[M]. 济南：山东人民出版社，1996.

[22] 柳立生. 房地产开发与经营[M]. 武汉：武汉理工大学出版社，2014.

[23] 赵代松. 房地产开发与经营[M]. 北京：中国林业出版社，2002.

[24] 郑晓云. 房地产开发与经营[M]. 北京：科学出版社，2010.

[25] 胡鹏，郭庆军. 工程项目管理[M]. 北京：北京理工大学出版社，2016.

[26] 孔凡文，张沈生. 房地产开发与管理[M]. 大连：大连理工大学出版社，2006.

[27] 叶剑平. 房地产营销[M]. 北京：中国人民大学出版社，2001.

[28] 刘洪玉. 房地产开发[M]. 3 版. 北京：首都经济贸易大学出版社，2006.

[29] 陈文. 房地产开发经营法律实务[M]. 北京：法律出版社，2005.

[30] 屈云波，高媛. 市场细分[M]. 北京：企业管理出版社，1999.

[31] 潘蜀健，陈琳. 房地产市场营销[M]. 北京：中国建筑工业出版社，2003.

[32] 楼江. 房地产市场营销理论与实务[M]. 上海：同济大学出版社，2001.
[33] 符启林. 房地产法教程[M]. 3 版. 北京：法律出版社，2004.
[34] 赵燕. 建设项目设计阶段投资控制研究[D]. 天津：天津大学，2008.
[35] 常晓宁. 基于价值工程的房地产企业成本控制研究[D]. 青岛：中国海洋大学. 2008.
[36] 贺芬平. 探讨房地产企业中设计阶段成本控制的重要性[D]. 广州：华南理工大学，2010.
[37] ORSHAN O. Life cycle cost：a tool for comparing building alternative[J]. Proceedings Symposium on Quality and Cost In building，1980，1(3).
[38] FLANAGAN R. Life cycle costing-the issue involved[J]. Proceedings of Third International Symposium on Building Economics，1984，1(A1).
[39] WIXSON J R. Development of the environmental management integrated baseline at the INEEL using systems engineering[J]. INCOSE Proceedings，1996.
[40] WIXSON J R. Value managed failure analysis and product/process improvement[J]. SAVE International Conference Proceedings，1997.
[41] 徐大图. 建筑项目投资控制[M]. 北京：地震出版社，1993.
[42] 郑灿新. 价值工程原理与应用实例[M]. 北京：水利电力出版社，1993.
[43] FONG S W，SHEN Q P. Is the construction industry ready for value management?: a case in Hong Kong[J]. International Journal of Project Management，2000，18(3)：317-326.
[44] 尚少文，李慧星，郭海丰，等. 暖通空调冷热源设计方案的价值分析[J]. 沈阳建筑工程学院学报：自然科学版，2003.
[45] 李新梅，高世清. 价值工程在隧道施工组织设计中的应用探讨[J]. 公路，2005，6.
[46] 王恩茂，刘晓君，刘振奎. 节能住宅全生命周期成本研究[J]. 节能经济，2006，6:89.
[47] 李争. 价值工程在建筑工程中的应用与研究[D]. 天津：天津大学，2005.
[48] 侯丽娜. 价值工程在住宅窗户节能设计中的应用研究[D]. 重庆：重庆大学，2007.
[49] 赵燕. 建筑项目设计阶段投资控制研究[D]. 天津：天津大学，2008.
[50] 张小琴. 基于价值工程的桥梁设计优化评价研究[D]. 重庆：重庆交通大学，2011.
[51] SHEN Q P，LIU G W. Applications of value management in the construction industry in China[J]. Engineering: Construction and Architectural Management，2004，11(1)：9-19.
[52] 王乃静. 价值工程概论[M]. 北京：经济科学出版社，2006.
[53] MILES L D. 价值工程教程：价值分析和价值工程技术出版项[M]. 高师骏，译. 长沙：湖南大学出版社，1987.
[54] DHILLON B S. Life cycle costing techniques，models and applications[M]. New York: Gordon and Breach，Science Publishers，1988.
[55] WIXSON J R. A value management approach to improving quality performance[J]. SAVE International Conference Proceedings，2005.
[56] 王亚娟. 房地产项目设计阶段管理研究[D]. 天津：天津大学，2007.
[57] 田中旗. 工程全生命造价管理[D]. 天津：天津大学，2005.
[58] CHEONG W S. Use of value management in design-building contracts[M]. Hong Kong: The Hong Kong Polytechnic University，1999.

[59] 吴燕. 设计阶段监理投资控制的研究[D]. 南昌：南昌大学，2008.

[60] LO S M ，LA M K C，RICHARD K Y．View of building surveyors and building services engineers on priority setting of fire safety attributes for building maintenance [J]．FA-CI LITIES V0LUME 18 NUMBER13/14, 2000：513-523．

[61] 李祚泳，丁晶，彭荔红．环境质量评价原理与方法[M]．北京：化学工业出版社，2004．

[62] 张培红，牛润萍，陈其针．沈阳市商场冬季热舒适的实测调查研究[J]．沈阳建筑工程学院学报，2004，20(3)：220-223．

[63] 袁志华. 价值工程在建筑设计中的应用研究[D]. 重庆：重庆交通大学，2012.

[64] 袁志华，温桃. 房地产开发与经营：项目驱动教学法[M]. 北京：北京理工大学出版社，2017.

[65] 袁志华. 建筑施工技术[M]. 哈尔滨：哈尔滨工业大学出版社，2018.

[66] 袁志华，薛凯喜，温桃，等. 一种屋面女儿墙防漏水构造：ZL201820871850[P]. 2019-01-04.

[67] 温桃，袁志华. 一种地下车库下沉式通风排气竖井：ZL201822220542.6[P]. 2019-09-03.

[68] 袁志华，温桃．基于 Revit 的深基坑工程模型创建[J]．项目管理技术，2019，12(12)：21-26．

[69] 王贵春. 工程经济学[M]. 重庆：重庆大学大学出版社，2016.